Johanna Handschmann

Neues aus der Gemüseküche

Kürbis, Spitzkohl, Löwenzahn

(Fast) vergessene Gemüsesorten und Früchte. Gesunde
Rezepte, schmackhaft, bekömmlich und schnell zubereitet

Südwest

Inhalt

Früher in aller Munde, heute eine fast schon exotische Spezialität: Zuckerhutsalat.

Kulinarisches in Rottönen: Rote-Bete-Suppe mit Scampi führt die Elemente Erde und Wasser zusammen.

Schätze aus Großmutters Garten

Gemüse erfreut sich in den letzten Jahren einer neuen Wertschätzung – vorbei sind die Zeiten, in denen man mit Erbsen und Möhren aus der Dose zufrieden war. Der Verbraucher ist gesundheitsbewusster geworden und sucht gleichzeitig nach neuen Geschmackserlebnissen. In der breit gefächerten Gemüsepalette wird er immer häufiger fündig: Von Artischocke über Topinambur bis Zucchini reicht das bunte Angebot saisonaler und regionaler Gemüsesorten.

Altbekanntes in neuem Gewand

Im Gemüsealphabet tauchen heute immer mehr Namen auf, die fremdartig oder gänzlich unbekannt erscheinen. Kennen Sie beispielsweise Pastinaken? Wissen Sie, wozu man Petersilienwurzeln verwendet? Haben Sie schon einmal Bärlauch probiert? Wenn Sie diese Fragen nicht mit Ja beantworten können, dann ist dieses Buch genau das Richtige für Sie. Es regt zur Neuentdeckung von Gemüsesorten an, die bei unseren Großmüttern ganz selbstverständlich auf den Speiseplan gehörten, in den letzten Jahren aber in Vergessenheit geraten sind. Die Gründe dafür sind vielfältig: Manche dieser Gemüse waren als Armeleuteessen verpönt, andere mit unangenehmen Erinnerungen an die Kriegszeit behaftet. Inzwischen hat sich das Image dieser Gemüsesorten jedoch grundlegend gewandelt – und gleichzeitig unser Umgang mit dem, was wir essen.

Im Zeitalter des Fastfood sind viele traditionelle Gemüsesorten in den Hintergrund geraten. Heute werden sie von gesundheitsbewussten Hobbyköchen neu entdeckt.

Gemüse als Medizin

Achten Sie beim Einkauf darauf, dass das Gemüse aus kontrolliertem biologischem Anbau stammt. Gemüse schmeckt nämlich nicht nur gut, es liefert zugleich auch wertvolle Biostoffe für die Gesundheit. Vitamine, Mineralstoffe, Spurenelemente und Ballaststoffe sorgen dafür, dass vom Herz über den Magen bis hin zur Haut all unsere Organe von der pflanzlichen Kost profitieren. Sie werden durch die Biostoffe von innen heraus geschützt und sind so gegen eine Vielzahl von Krankheiten gewappnet. Seit einiger Zeit machen zudem die erst kürzlich entdeckten sekundären Pflanzenstoffe Furore. Diese bewirken, dass die Inhaltsstoffe sowohl der Gemüse als auch anderer Nahrungsmittel im Körper optimal verwertet werden können. Daher ist die tägliche Ration Gemüse – roh oder gekocht – ein Muss für jeden gesundheitsbewussten Menschen.

Gemüse enthält von Natur aus jede Menge Gesundheit. Es liegt weitestgehend an uns, wie viel wir davon beim Verzehr auch wirklich zu uns nehmen.

Trend zur saisonalen und regionalen Küche

Bringen Sie Abwechslung in Ihren Speisezettel, indem Sie immer diejenigen Gemüsesorten verarbeiten, die gerade Erntesaison haben. Dann haben die Gemüse den größten Wirkstoffgehalt und sind zugleich am preiswertesten. Außerdem schmeckt jedes Gemüse dann am besten, wenn es im Freiland wachsen kann. Treibhausgemüse ist ernährungsphysiologisch weniger wertvoll.

Verzichten Sie beim Einkauf möglichst auf Importware aus fernen Ländern, und greifen Sie zu einheimischem Gemüse. Es hat in der Regel keinen so langen Transport hinter sich und enthält daher noch wesentlich mehr Vitalstoffe. Dank der kürzeren Verkehrswege darf es auch meist länger ausreifen. Den kürzesten Weg in die Küche hat natürlich Gemüse aus dem eigenen Garten.

Vitalstoffe nicht vergeuden

Damit die wertvollen Inhaltsstoffe der Gemüse nicht vor oder bei der Nahrungszubereitung verloren gehen, sollte auf möglichst kurze und kühle Lagerung und auf schonende Zubereitung geachtet werden. Waschen Sie Gemüse immer unzerkleinert, damit die wasserlöslichen Vitamine nicht ausgelaugt werden. Entfernen Sie beim Putzen nur die faserigen oder ungenießbaren Teile. Schälen Sie Wurzeln oder Knollen so dünn wie möglich. Achten Sie beim Kochen auf kurze Garzeiten, und bevorzugen Sie schonende Garmethoden wie Sautieren oder Dämpfen. Das Gemüse kann so nicht verkochen, und sein Eigenaroma kommt besonders gut zur Geltung. Salzen Sie erst ganz zum Schluss.

Gemüsekonserven in Metalldosen oder Gläsern sind in gesundheitlicher Hinsicht relativ wertlos. Bei der industriellen Verarbeitung wird das Gemüse regelrecht totgekocht.

Abwechslung ist das halbe Leben

Ob mit Kartoffeln, Getreide oder Milchprodukten kombiniert, Gemüse bringen Abwechslung in den Speisezettel. Gemüse sind die Grundlage für geschmackvolle vegetarische Gerichte. Dieses Buch bietet eine große Auswahl an vegetarischen Gerichten, von einfach bis raffiniert, für jeden Geschmack und Anlass. Für die Nichtvegetarier gibt es Gemüserezepte in Kombination mit Fleisch oder Fisch. Die Palette reicht von Klassikern bis zu ganz neuen Kreationen wie Risotto mit Petersilienwurzel oder Rote-Bete-Suppe mit Scampi. Neben Rezepten finden Sie in diesem Buch aber auch Tipps zu Einkauf und Lagerung von Gemüse. Den Randspalten können Sie Wissenswertes zu den Gemüsen und eine Menge zusätzlicher Küchentipps entnehmen. Zuletzt hilft Ihnen der Saisonkalender auf den Umschlaginnenseiten dabei, diejenigen Gemüsesorten auf den Tisch zu bringen, die zur Jahreszeit passen.

Blätter und Stiele

Blatt- und Stielgemüse bringen nicht nur Farbe in die Gemüseküche, sie enthalten auch viele wertvolle Biostoffe wie z. B. die Antioxidanzien, die unsere Zellen vor schädigenden Substanzen schützen. Die meisten dieser Gemüse gehören zur großen Familie der Lattichgewächse. Neben verschiedenen Salatsorten umfasst diese auch »Unkräuter« wie den Löwenzahn und die Distel, aus der sich wiederum die Artischocke entwickelt hat.

Variationen in Grün

Blattsalate wie **Endivie** und **Zuckerhut** sind veredelte Formen der Zichorie und werden seit dem Mittelalter bei uns angebaut. Bei der Endivie unterscheidet man die glatte Sommerendivie und die krause Winterendivie, auch Friséesalat genannt. Zuckerhut ist etwas derber. Er ist winterhart, hat noch mehr Bitterstoffe und wird meist nur auf Wochenmärkten angeboten.

Der rote **Radicchio,** auch Zichorie oder Feldzichorie genannt, wird vor allem in Italien angebaut. Die kugeligen oder länglichen Salatköpfe sind rot bis hellrot, schmecken aromatisch und mehr oder weniger bitter. Gegarter Radicchio bringt Farbe in Suppen, Reis, Gemüse, Nudelgerichte und Omeletts.

Der **Kopfsalat** mit seinen verschiedenen Varianten (Eichblattsalat, Bataviasalat, Römischer Salat) ist eine kultivierte Form des wild wachsenden Lattichs. Blattsalate werden in erster Linie roh verwendet. Weniger bekannt ist, dass man sie auch sehr gut dünsten oder in Butter schwenken kann.

Vom einjährigen Blattsalat gibt es etwa 100 verschiedene Sorten. Die knackigen zarten Blätter sind meist grün, manchmal auch rot und unterscheiden sich je nach Sorte in Form und Geschmack.

Der **Feldsalat** oder die Rapunzel ist eine einheimische Wildpflanze, die seit dem späten Mittelalter bei uns kultiviert wird. Er gehört zu den beliebtesten und zugleich vitaminreichsten Wintersalaten. Feldsalat schmeckt geradezu märchenhaft, wenn die Blätter klein und kompakt sind. Er muss gründlich gewaschen werden, da die Pflanze auf sandigem Boden gedeiht. Man sollte Feldsalat stets mit leichten Dressings anmachen, die seinen Eigengeschmack und sein feines Aroma hervorheben.

Aromatisches Wildgemüse

Sauerampfer gibt es wild wachsend oder als Zuchtform in kleinen Töpfchen zu kaufen. Er ist mit dem Rhabarber verwandt und hat einen herben, säuerlichen Geschmack, was sich auch in seinem Namen ausdrückt, der sich vom lateinischen Wort »amarus« (= bitter) ableitet. Sauerampfer wirkt verdauungsfördernd und schützt vor Vitaminmangel. Man kann ihn wie Spinat garen, außerdem schmeckt er köstlich in Suppen und Saucen. In der traditionellen Küche vieler mitteleuropäischer Länder zählt Sauerampfersuppe zu den Klassikern.

Der Löwenzahn ist eine Feld-, Wald- und Wiesenpflanze, die nahezu überall gedeiht und meist als Unkraut angesehen wird.

Leckerbissen zum Selbstsammeln

Löwenzahn ermöglicht mit seinen zarten, jungen Blättern besonders im Frühjahr einen kulinarischen Hochgenuss zum Nulltarif. Die Blätter des wilden Löwenzahns schmecken leicht bitter, die Blätter der Kulturpflanze sind größer und derber und haben einen feinen, leicht säuerlichen Geschmack. Beim Selbstpflücken sollte man nur Pflanzen mit jungen, zarten Blättern und noch nicht ausgebildeten Blüten nehmen, da die Blätter dann zarter schmecken. Löwenzahn eignet sich roh hervorragend als Salat, man kann ihn aber auch wie Spinat zubereiten.

Eigenwillige Würze

Kresse war schon in der Antike als Heilpflanze geschätzt, da sie Senföle enthält, die Infektionskrankheiten vorbeugen können. Die bekannte Gartenkresse gibt es lose oder in Schälchen zu kaufen. Man kann sie jedoch aus Samen auch ganz leicht selbst ziehen. Ihr scharfer, pfeffriger Geschmack verleiht Salaten eine pikante Note. Kresse ist zudem eine hervorragende Würze für Suppen, Saucen und Sandwichs.

Die **Salatrauke,** bei uns auch unter ihrem italienischen Namen »Rucola« bekannt, ist mit Brunnenkresse, Senf und Rettich verwandt. Ihr Geschmack ist scharf und nussig. Rauke wird roh als Salat verwendet und verleiht auch gegart vielen Gerichten eine angenehme Würze. Sie schmeckt als Einlage in Brühe oder zu Nudeln und wird püriert Suppen und Saucen zugefügt.

Neben der Gartenkresse sind auch die Brunnen- und die Kapuzinerkresse kulinarisch interessant. Ihr Geschmack ist wesentlich schärfer und intensiver.

Längst kein Kinderschreck mehr

Mangold und Spinat gehören zur gleichen Pflanzenfamilie. **Mangold** war schon bei den Römern bekannt, wurde aber im Lauf der Jahrhunderte vom ergiebigeren und weniger kälteempfindlichen Spinat verdrängt. In den Küchen des Mittelmeerraums hat er sich gehalten, und von dort kommen die meisten Zubereitungsideen. Mangold ist im Geschmack kräftiger als Spinat und hat knackige weiße oder rote Stiele, die getrennt oder zusammen mit den Blättern zubereitet werden können.

Spinat, ein arabisches Gemüse, gelangte durch die Mauren zunächst nach Spanien und verbreitete sich von dort aus in alle europäischen Länder. Zarter Sommerspinat eignet sich hervorragend für Salate, der derbere Winterspinat wird wie Mangold gegart. Beide Gemüse harmonieren gut mit Käse und Eiern.

Nur als Suppengemüse viel zu schade

Der **Bleichsellerie,** auch Stauden- oder Stangensellerie genannt, ist der zartere Verwandte des Knollenselleries. Er wurde im 16. Jahrhundert aus wildem Sellerie gezüchtet. Roh werden die gerippten Stängel für Salate verwendet. Gegart verleiht Stangensellerie Suppen, Saucen, Eintopf- sowie Nudelgerichten, Omeletts und Reis einen aromatischen Geschmack. Er ergänzt sich hervorragend mit Obst, z. B. mit Äpfeln.

Vielseitige Knolle mit Anisgeschmack

Bei den Römern zählte Fenchel zu den Hauptnahrungsmitteln. Sie glaubten, dass er die Sehkraft stärke.

Fenchel stammt ursprünglich aus dem Mittelmeerraum, wird aber heute auch bei uns angebaut. Er zählt zu den ältesten Naturheilmitteln und verdient es nicht nur wegen seines einzigartigen Aromas, häufiger auf den Tisch zu kommen. Roher Fenchel schmeckt kräftig nach Anis und wird, in dünne Streifen oder feine Scheiben geschnitten, im Salat verwendet. In gekochter Form ist sein Aroma eher zurückhaltend. Gedünsteter Fenchel harmoniert sehr gut mit Parmesan, Tomaten, Oliven und Knoblauch.

Absoluter Favorit bei Gourmets

Spargel gehört zu den edelsten Gemüsesorten. Anfangs wurde er vor allem als Heilpflanze geschätzt, da er harntreibend wirkt und den Mineralstoffhaushalt ausgleicht. Bei uns wird meist der weiße Spargel angeboten. Grüner Spargel enthält jedoch mehr Vitamine, hat einen intensiveren Geschmack und muss kaum geschält werden. Spargel wird meist im Ganzen gekocht mit zerlassener Butter oder Sauce hollandaise serviert. In Stücke geschnitten, eignet er sich gut zum Garnieren von Omeletts, Salaten, Reis- oder Nudelgerichten.

Vom Unkraut zur Delikatesse

Artischocken sind die Blütenknospen einer Distelart, die im Mittelmeerraum beheimatet ist. Am besten schmecken sie, wenn sie noch klein sind. Essbar sind der Blütenboden und die unteren Teile der Blätter, die eigentlich die Hüllblätter darstellen. Das flaumige Heu am Blütenboden hingegen ist ungenießbar. Artischocken werden grundsätzlich gegart und kalt oder warm serviert, dazu reicht man eine Sauce hollandaise, eine Béchamelsauce oder eine Mayonnaise. Die Artischockenböden werden häufig in Salaten und Vorspeisen oder zum Garnieren verwendet.

Schon in der Antike hoch geschätzt, galt die Artischocke im Mittelalter als Aphrodisiakum und besondere Rarität.

Einkauf und Lagerung

Kaufen Sie möglichst immer Freilandware, am besten aus biologischem Anbau. Blattgemüse sollten knackige, frische und schön gefärbte Blätter haben. Frischen Spargel erkennen Sie an den Schnittflächen. Sind diese ausgetrocknet oder gar angeschimmelt, ist der Spargel schon zu lange unterwegs oder wurde falsch gelagert. Selleriestangen und Fenchelknollen sollten angenehm duften, möglichst fest sein und frische Blättchen haben. Achten Sie bei Artischocken darauf, dass die Blätter nicht verfärbt sind oder braune Spitzen haben.

Blattgemüse sollten möglichst bald nach der Ernte verzehrt werden, da sie durch zu lange Lagerung Geschmack und Vitamine verlieren. Damit sie schön knackig bleiben, bewahrt man sie am besten in einer dicht schließenden Dose oder in einem perforierten Plastikbeutel auf. Stangensellerie, Fenchel und Spargel halten sich länger, wenn man sie in ein feuchtes Tuch einschlägt. Artischocken bleiben frisch, wenn man sie wie Blumen in ein Gefäß mit Wasser stellt.

Gedünsteter Endiviensalat mit Ziegenkäse

Zutaten für 4 Portionen
1 Kopf Endiviensalat · 1 Bund Radieschen
100 g durchwachsener Speck · 2 EL Butter · Salz
1–2 TL Sherryessig · 50 g Ziegenfrischkäse

Sie können die Salatportionen auch auf hitzebeständigen Tellern angerichtet im Grill überbacken.

1 Den Salat waschen und putzen. 4 Blätter beiseite legen. Den restlichen Salat in grobe Streifen schneiden. Radieschen waschen, putzen und in Scheiben schneiden.
2 Den Speck würfeln und mit der Butter in einer Pfanne auslassen. Salat und Radieschen dazugeben, salzen und zugedeckt 4 bis 5 Minuten dünsten. Mit dem Essig ablöschen.
3 Den Salat in der Pfanne zu 4 Portionen zusammenschieben. Den Ziegenkäse darauf setzen und die Pfanne zugedeckt stehen lassen, bis der Käse zerlaufen ist.
4 Den gedünsteten Salat auf den frischen Salatblättern anrichten.

Endiviensalat mit Schillerlocken

Zutaten für 4 Portionen
1 Zwiebel · 1 EL Essig · 4 EL Olivenöl · Salz, frisch gemahlener Pfeffer · 1 Kopf Endiviensalat · 200 g Schillerlocken 50 g schwarze Oliven · 4 Tomaten · 200 g Champignons oder Austernpilze · 1 EL Balsamicoessig

1 Die Zwiebel abziehen und fein würfeln. Mit dem Essig und der Hälfte des Olivenöls in eine Schüssel geben, die Vinaigrette mit Salz und Pfeffer würzen.
2 Den Endiviensalat waschen, putzen und in

Streifen schneiden. Die Schillerlocken in mundgerechte Stücke schneiden. Salatstreifen, Räucherfisch und Oliven mit der Marinade vermischen.

3 Die Tomaten waschen, in Achtel schneiden und zu den übrigen Zutaten geben.

4 Die Pilze putzen und in Scheiben oder Viertel schneiden. Das restliche Olivenöl erhitzen und die Pilze bei starker Hitze unter ständigem Rühren einige Minuten anbraten. Mit dem Balsamicoessig ablöschen und unter den Salat mischen.

Zuckerhutsalat mit Orangen

Zutaten für 4 Portionen
250 g Zuckerhutsalat · 1 Orange · 1 Apfel · 150 g Joghurt
2 TL Zitronensaft · Salz, frisch gemahlener Pfeffer
1 Prise Currypulver · 1 EL Öl

1 Den Salatkopf waschen, putzen und die benötigte Menge in feine Streifen schneiden. Die Orange schälen und in Stücke schneiden. Den Apfel schälen, vierteln, vom Kerngehäuse befreien und klein schneiden.

2 Für die Salatsauce den Joghurt mit Zitronensaft, Salz, Pfeffer, Currypulver und Öl verrühren. Den Salat sorgfältig mit der Sauce vermischen und 15 bis 30 Minuten an einem kühlen Ort ziehen lassen.

Für dieses Rezept können Sie genauso gut auch andere Bittersalate wie z. B. Chicorée oder Radicchio verwenden.

TIPP Zum Verfeinern von Blattsalaten eignen sich sehr gut Sonnenblumen-, Kürbis- oder Pinienkerne, die zuvor in einer Metallpfanne ohne Zugabe von Fett unter Rühren geröstet wurden. Geröstete Kerne lassen sich gut in einem Schraubdeckelglas aufbewahren.

Radicchio-Erbsen-Gemüse mit Lammstreifen

Zutaten für 4 Portionen

*1 Zwiebel · 2 Knoblauchzehen · 50 g durchwachsener Speck
300 g Lammfleisch (Keule) · 500 g Radicchio · 2 EL Olivenöl
125 ml Rotwein · 100 g Tiefkühlerbsen · 100 g Crème fraîche
Salz, frisch gemahlener Pfeffer · 4 Stängel glatte Petersilie*

In Streifen geschnittener Radicchio verfeinert Salate, herzhafte Gemüsekuchen und kurz gebratene Fleischgerichte.

1 Die Zwiebel und den Knoblauch abziehen und fein hacken. Den Speck würfeln. Das Fleisch in Streifen schneiden. Den Radicchio waschen, putzen, längs vierteln oder achteln, den Strunk dabei keilförmig herausschneiden. Dann in feine Streifen schneiden.

2 Das Olivenöl in einer Pfanne erhitzen, Zwiebel, Knoblauch und Speck darin goldbraun braten. Die Fleischstreifen dazugeben und unter Rühren anbraten. Die Radicchiostreifen bis auf einen kleinen Rest dazugeben. Den Wein zugießen und alles etwa 10 Minuten schmoren lassen.

3 Die aufgetauten Erbsen und die Crème fraîche einrühren. Mit Salz und Pfeffer würzen. Die Sauce leicht einkochen lassen und nochmals abschmecken. Die Petersilie waschen und trocknen. Die Blätter und den Radicchiorest fein hacken und unterrühren.

TIPP Der vitamin- und mineralstoffreiche Radicchio wird vor allem im Herbst und im Winter angeboten. Sein Geschmack kommt am besten zur Geltung, wenn man ihn mit anderen Blattsalaten mischt. Man kann ihn aber auch im Ganzen auf einem Spieß oder geviertelt in einer Pfanne braten. Radicchio lässt sich in vielen Rezepten durch Chicorée und Endiviensalat ersetzen.

Risotto mit Radicchio

Zutaten für 4 Portionen
1 große Zwiebel • 2 Knoblauchzehen • 500 g Radicchio
4 EL Olivenöl • 400 g Risottoreis (Arborio oder Vialone)
600 ml heiße Gemüsebrühe • 250 ml Rotwein
100 g Pecorino • 4 Stängel glatte Petersilie • Salz, Pfeffer

1 Zwiebel und Knoblauch abziehen und fein hacken. Den Radicchio waschen, putzen und in etwa 1 Zentimeter breite Streifen schneiden.
2 Das Öl in einer Pfanne erhitzen, Zwiebeln und Knoblauch darin goldbraun braten. Den Radicchio bis auf einen kleinen Rest zugeben und kurz andünsten. Den Reis einstreuen, die Brühe und den Wein zugießen. Den Risotto zugedeckt bei mäßiger Hitze ungefähr 15 Minuten leise kochen lassen. Dabei immer wieder umrühren. Den Reis probieren. Sollte er noch einen harten Kern haben, noch eine Weile quellen lassen.
3 Den restlichen Radicchio fein hacken. Den Käse reiben. Die Petersilie waschen und trocknen. Die Blätter fein schneiden und mit dem Radicchio einrühren.
4 Pfeffer, Salz und gegebenenfalls noch etwas Brühe zugeben. Den geriebenen Käse unterrühren und sofort servieren.

Nach dem gleichen Rezept können Sie einen Risotto mit Spinat zubereiten. Anstelle von Pecorino passt dazu auch sehr gut Gorgonzola.

TIPP Bereiten Sie Risotto in einem mittelhohen, schweren Topf mit möglichst weitem Boden zu. Kochen Sie ihn mit Deckel, und rühren Sie ihn ab und zu mit einem Holzlöffel um. Risotto darf weder zu trocken sein, noch sollte er in Flüssigkeit schwimmen. Die Flüssigkeitsmenge, in der der Reis gegart wird, sollte in der Regel etwa das Dreifache des Reisgewichts haben.

Kopfsalatherzen mit Pilzen

Sie können diesen Salat zusätzlich mit hart gekochten Eiern und Sardellen verfeinern. Als Garnierung passen Tomaten oder Radieschen sehr gut.

Zutaten für 4 Portionen

*2 feste Kopfsalate · 40 g Butter · Salz, frisch gemahlener Pfeffer · 100 g Champignons oder Austernpilze
4 Lauchzwiebeln · 2 EL Olivenöl · 1 EL Sherryessig
4 Stängel Petersilie*

1 Äußere Salatblätter ablösen, die etwa faustgroßen Salatherzen längs vierteln und in der zerlassenen Butter 2 bis 3 Minuten schwenken. Salzen, pfeffern und auf einer Platte oder Portionstellern anrichten.
2 Die Pilze und Lauchzwiebeln waschen, putzen und in Scheiben schneiden. Das Öl erhitzen, Pilze und Zwiebeln kurz darin anbraten, mit Salz und Pfeffer würzen und mit dem Essig ablöschen.
3 Die Petersilie waschen, trocknen und fein hacken. Unter das gebratene Gemüse mischen und auf den Salatherzen verteilen.

Feldsalat mit Paprika: Den besonderen Pfiff bekommt dieses Gericht durch die Zugabe von Orangenspalten.

Feldsalat mit Paprika

Zutaten für 4 Portionen
100 g Feldsalat • 1 Orange • 1 Schalotte • 1 EL Himbeeressig
2 EL Walnussöl • Salz, Pfeffer • 1 kleine rote Paprikaschote

1 Den Feldsalat gründlich waschen und putzen. Die Orange schälen und in Spalten zerteilen. Die Spalten in mundgerechte Stücke schneiden. **2** Die Schalotte abziehen und sehr fein hacken. Mit Essig, Öl, Salz und Pfeffer verrühren. Die Sauce mit dem Salat und der Orange vermischen. **3** Die Paprikaschote waschen, putzen, in sehr feine Streifen hobeln und auf dem Salat verteilen.

Servieren Sie Feldsalat zur Abwechslung auch einmal mit Speckwürfeln oder gebratener Hühnerleber.

Löwenzahnsalat mit Croûtons

Zutaten für 4 Portionen
300 g Löwenzahnblätter • 4 Stängel glatte Petersilie
2 TL Obstessig • Salz, bunter Pfeffer • 1 EL Sonnenblumenöl
50 g durchwachsener Speck • 2 Scheiben Toastbrot
1 Knoblauchzehe • 2 EL Butter

1 Löwenzahn waschen, putzen und in Streifen schneiden. Petersilie waschen, trocknen, in Streifen schneiden und zum Salat geben. **2** Den Essig mit Salz, Pfeffer und Öl verrühren, die Vinaigrette mit den Salatblättern vermischen.

3 Den Speck und die Toastscheiben würfeln. Die Knoblauchzehe abziehen und fein hacken. Den Speck mit der Butter erhitzen. Die Brotwürfel und den Knoblauch zugeben, unter Rühren knusprig braten und über den Salat streuen.

Sauerampfersuppe

Zutaten für 4 Portionen
150 g Sauerampferblätter · 1 Kopfsalatherz · 1 Bund glatte
Petersilie · 1 Schalotte · 20 g Butter · 500 ml Gemüsebrühe
100 g Sahne · Salz, frisch gemahlener Pfeffer

Gedünstet, püriert und mit etwas Sahne und Gemüsebrühe eingekocht, ergibt Sauerampfer eine feine Sauce, die hervorragend zu Eiern und Fischgerichten passt.

1 Die Sauerampferblätter und das Kopfsalatherz waschen und in feine Streifen schneiden. 1 Esslöffel der geschnittenen Blätter zum Garnieren aufheben. Die Petersilie waschen, trocknen und die Blätter abzupfen.

2 Die Schalotte abziehen, fein würfeln und in der Butter glasig dünsten. Sauerampfer-, Salat- und Petersilienblätter dazugeben. Mit der Gemüsebrühe aufgießen und die Suppe 10 Minuten bei schwacher Hitze kochen lassen.

3 Die Suppe mit dem Stabmixer pürieren. Die Sahne zugießen, die Suppe mit Salz und Pfeffer abschmecken. Mit den restlichen Blättchen garnieren.

Kressesauce

Zutaten für 4 Portionen
1 Kästchen Kresse (25 g) · 1 Schalotte · 20 g Butter
2 TL Weizen- oder Reismehl · 250 ml Gemüsebrühe
100 g süße Sahne · Salz, frisch gemahlener Pfeffer

1 Die Kresse abspülen, abtropfen lassen und fein hacken.

2 Die Schalotte abziehen, sehr fein würfeln und in der Butter glasig dünsten. Das Mehl einstreuen, kurz anschwitzen und mit der Gemüsebrühe ablöschen. Die

Sahne zugießen, die Kresse einstreuen und die Sauce leicht einkochen lassen, bis sie cremig ist. Mit Salz und Pfeffer abschmecken.

TIPP Anstelle der Kresse können Sie auch Schnittlauch, Petersilie oder Rucola verwenden. Diese schnellen und vielseitig kombinierbaren Kräutersaucen sind ideale Begleiter zu den unterschiedlichsten Fisch-, Fleisch- oder Gemüsegerichten.

Rucolasalat mit Mozzarella

Zutaten für 4 Portionen
1 Bund Rucola (100 g) · 250 g Kirschtomaten · 4 EL Olivenöl
1 EL Zitronensaft · 1 TL Balsamicoessig · Salz, frisch gemahlener Pfeffer · 1 Päckchen Mozzarella (à 125 g)

1 Die Rucolablätter waschen, die harten Stiele abschneiden. Die Tomaten waschen und halbieren, dabei den Stielansatz keilförmig ausschneiden. **2** Für die Sauce das Öl mit Zitronensaft, Balsamicoessig, Salz und Pfeffer verrühren, mit dem Rucola und den Tomaten vermischen. **3** Den Mozzarella abtropfen lassen, in Würfel schneiden und vorsichtig untermischen.

Eine raffinierte Vorspeise erhalten Sie, wenn Sie Rucola mit gehobeltem Parmesankäse und gerösteten Pinienkernen bestreuen. Verwenden Sie für dieses Rezept Olivenöl anstelle von Nussöl.

TIPP Rucolablätter werden bei uns meist roh in Salaten oder auf Sandwiches verwendet. In der italienischen Küche gart man sie kurz in Öl oder Butter und vermischt sie anschließend mit Nudeln. Im Mixer zerkleinert und mit Olivenöl, frisch geriebenem Parmesankäse und gerösteten Pinienkernen verfeinert, ergeben sie ein aromatisches, leicht nussig schmeckendes Pesto.

Mangoldquiche

Zutaten für 8 Portionen
Teig: 200 g Mehl · 100 g Quark · 1 TL Salz · 100 g kalte Butter
1 EL Öl oder Butter zum Ausfetten der Form
Belag: 500 g Mangold · 1 Zwiebel · 2 Knoblauchzehen
2 EL Öl · 2 cm Ingwerwurzel · 3 Eier · 200 g Sahne
1 Prise Muskatnusspulver · Salz, frisch gemahlener Pfeffer
150 g würziger Bergkäse

Diese Quiche können Sie nach Belieben noch mit Pinienkernen, Champignons oder Oliven verfeinern.

1 Aus Mehl, Quark, Salz und kalten Butterstückchen einen geschmeidigen Teig kneten.

2 Eine Quicheform ausfetten. Den Teig in die Form legen, zu einem Boden ausdrücken und einen 2 bis 3 Zentimeter breiten Rand hoch ziehen. Den Teig in der Form kalt stellen.

3 Den Backofen auf 220 °C (Umluft 200 °C, Gas Stufe 4 bis 5) vorheizen. Den Mangold waschen und putzen. Stiele und Blätter getrennt in Streifen schneiden. Zwiebel und Knoblauch abziehen, fein würfeln und in dem Öl anbraten. Den Ingwer schälen, sehr fein hacken und einstreuen.

Die Mangoldstiele zugeben und etwa 5 Minuten dünsten. Anschließend die Blätter zugeben und noch weitere 5 Minuten mitdünsten. Von der Kochstelle nehmen.

4 Den Teigboden mehrmals mit einer Gabel einstechen und die Quiche auf der mittleren Schiene des Backofens 10 Minuten vorbacken.

5 Für den Guss die Eier mit der Sahne verrühren und mit Muskat, Salz und Pfeffer würzen. Den Käse grob reiben und unterrühren. Die Masse mit dem etwas abgekühlten Mangold vermischen, auf dem Teig verteilen und im Ofen weitere 20 bis 25 Minuten backen.

Gratinierte Mangoldtaschen

Zutaten für 4 Portionen
1 große Mangoldstaude • 1 Bund glatte Petersilie
2 große Zwiebeln • 150 g durchwachsener Speck
150 g Emmentaler oder Pecorino • Salz, frisch gemahlener
Pfeffer • 200 g Sahne • 2 TL gekörnte Gemüsebrühe

1 Mangold waschen und putzen, kurz blanchieren.
2 Petersilie waschen, trocknen und fein hacken. Zwiebeln abziehen und würfeln. Den Speck ebenfalls würfeln. Zwiebeln und Speck andünsten, mit der Petersilie auf dem Mangold verteilen.
3 Den Käse reiben und bis auf einen kleinen Rest über die Füllung streuen. Salzen und pfeffern.

4 Die Blätter von der Spitze her aufrollen und den Stiel darüber schlagen. In eine gefettete Auflaufform setzen.
5 Sahne mit der Gemüsebrühe verrühren, darüber gießen, mit dem restlichen Käse bestreuen. Die Mangoldtaschen bei 220 °C (Umluft 200 °C, Gas Stufe 4 bis 5) 15 bis 20 Minuten im Backofen gratinieren.

Mangold-taschen können Sie als raffiniertes Hauptgericht oder als Beilage zu einem deftigen Braten servieren.

Mit ein paar Salzkartoffeln oder Kartoffel-puffern werden gratinierte Mangoldtaschen zu einem üppigen Hauptgericht mit wenig Fleisch.

Spinatsoufflé

Zutaten für 4 Portionen
400 g Blattspinat • 2 EL Butter • 2 EL Mehl • 250 ml Milch
1 TL gekörnte Gemüsebrühe • Salz, frisch gemahlener Pfeffer
1 Prise frisch geriebene Muskatnuss • 1 Bund Petersilie
100 g Emmentaler • 3 Eier • Butter für die Form

Öffnen Sie in der ersten Hälfte der Backzeit auf keinen Fall die Ofentür, damit das Soufflé nicht in sich zusammenfällt.

1 Den Spinat verlesen, waschen, in einen Topf geben und 2 bis 3 Minuten dünsten. Auf ein Brett legen und hacken.

2 Die Butter erhitzen, das Mehl darin anschwitzen und die Milch einrühren. Die Sauce einige Minuten kochen lassen, bis sie eingedickt ist.

3 Den gehackten Spinat in die Sauce geben und mit Gemüsebrühe, Salz, Pfeffer und Muskat abschmecken. Von der Kochstelle nehmen.

4 Den Backofen auf 220 °C (Umluft 200 °C, Gas Stufe 4 bis 5) vorheizen. Eine Auflaufform darin etwa 5 Minuten anwärmen. Die Petersilie waschen, trocknen und fein hacken. Den Käse reiben. Die Eier trennen. Das Eiweiß mit 1 Prise Salz steif schlagen.

5 Petersilie, Käse und Eigelbe mit dem Spinat mischen, den Eischnee mit einem Schneebesen unterziehen. Die Form aus dem Backofen nehmen, ein Stück Butter auf dem Boden verlaufen lassen. Die Gemüsemasse einfüllen und auf der mittleren Schiene 25 bis 30 Minuten backen.

TIPP Gekochten Spinat sollte man nicht aufwärmen, weil sich das darin enthaltene Nitrat in gesundheitsschädliches Nitrit unwandeln kann. Reste von Spinatgerichten können Sie jedoch, z. B. mit etwas Olivenöl und Knoblauch gewürzt, als kalte Vorspeise servieren.

Stangenselleriesalat mit Nüssen

Zutaten für 4 Portionen
3 Stangen Bleichsellerie • 200 g Parmesankäse
1 Tasse Walnusskerne • 4 EL Olivenöl • 2 EL Zitronensaft
Salz, frisch gemahlener Pfeffer

1 Die Selleriestangen waschen, putzen, wenn nötig Fäden abziehen, in etwa 5 Millimeter dicke Scheiben schneiden und in eine Schüssel geben.
2 Den Käse mit einem Feinhobel oder Sparschäler in feine Späne schneiden. Die Walnusskerne grob hacken. Käse und Nüsse mit dem Öl zum Sellerie geben und alles vermischen. Mit Zitronensaft, Salz und Pfeffer würzen.

Anstelle von Stangensellerie passt auch sehr gut Fenchel in diese Salatkombination mit Nüssen und Käse.

Stangensellerie mit Kräuterdip

Zutaten für 4 Portionen
4 Stangen Bleichsellerie • 1 Kästchen Kresse oder
1 Bund Schnittlauch • 100 g Frischkäse • 150 g Joghurt
Salz, frisch gemahlener Pfeffer

1 Die Selleriestangen waschen und mögliche Fäden abziehen. Die Stangen 1- oder 2-mal durchschneiden.
2 Die Kresse abspülen und vom Beet schneiden. bzw. den Schnittlauch waschen. Die Kräuter klein schneiden, mit dem Frischkäse und dem Joghurt verrühren. Mit Salz und Pfeffer würzen.
3 Die Gemüsestückchen in die Käsecreme dippen oder die Creme mit einer Garnierspritze auf die Gemüsestangen spritzen. Letzteres macht sich z. B. sehr gut auf einem Büffet.

Fenchelsalat mit Hühnerbrust

Zutaten für 4 Portionen
1 Hühnerbrustfilet · 3 EL Öl · 1 Fenchelknolle (etwa 300 g)
4 TL Zitronensaft · Salz, frisch gemahlener Pfeffer
2 Orangen oder rosa Grapefruits · 1 rote Paprikaschote
10 schwarze Oliven · 50 g Feldsalat

Statt mit Hühnerbrust können Sie diesen Salat auch mit luftgetrocknetem, rohem Schinken zubereiten. Ersetzen Sie dann die Oliven durch gehackte Haselnüsse.

1 Das Hühnerbrustfilet waschen, trockentupfen und in der Hälfte des Öls von beiden Seiten etwa 5 Minuten braten.
2 Die Fenchelknolle waschen, putzen und in hauchdünne Scheiben schneiden oder hobeln. Den Zitronensaft mit Salz, Pfeffer und dem restlichen Öl verrühren, die Salatsauce mit den Fenchelstreifen mischen.
3 Die Orangen bzw. Grapefruits schälen und in mundgerechte Stücke schneiden. Die Paprikaschote waschen, putzen und fein würfeln. Die Oliven vom Kern schneiden. Alles gründlich vermischen.
4 Den Feldsalat waschen und putzen, dabei nur die Wurzeln abschneiden. Die Rosetten auf den Tellern verteilen.
5 Die Hähnchenbrust in Würfel schneiden und untermischen. Den Salat auf Teller verteilen.

TIPP Bevorzugen Sie beim Einkauf kleine Fenchelknollen. Sie sind aromatischer, außerdem fällt weniger Abfall an. Schneiden Sie den Fenchel nach dem Entfernen der äußeren zähen Schalen nach Belieben entweder waagerecht in Ringe oder senkrecht in dünne Scheiben. Die vitaminreichen Blättchen verwendet man wie Kräuter und streut sie gehackt über das fertige Gericht. Sie harmonieren besonders gut mit Meeresfrüchten und Fischgerichten.

Fenchelgratin mit Austernpilzen

Zutaten für 4 Portionen
2 Tassen Langkornreis (etwa 200 g) • 2 Fenchelknollen
(etwa 500 g) • 200 g Austernpilze • 1 Stange Porree
50 g Butter • 1 Bund Petersilie • Salz, Pfeffer • 1 TL Curry-
pulver • 200 g Sahne • 2 TL gekörnte Gemüsebrühe
1 Prise Muskatnusspulver • 100 g geriebener Emmentaler

1 Den Reis waschen und in einen Topf geben. Mit so viel Wasser bedecken, dass die Flüssigkeit 1 Zentimeter über dem Reis steht. Aufkochen und auf ausgeschalteter Platte 10 bis 15 Minuten ausquellen lassen.
2 Die Fenchelknollen waschen, putzen und in Streifen schneiden. Pilze und Porree waschen, putzen und fein schneiden.
3 Die Butter in einer Pfanne erhitzen und die Pilze bei starker Hitze anbraten. Die Fenchelstreifen dazugeben und zugedeckt 4 bis 5 Minuten dünsten. Den Porree untermischen. Die Petersilie waschen, trocknen, fein hacken und bis auf einen kleinen Rest einrühren.

4 Den Backofen auf 220 °C (Umluft 200 °C, Gas Stufe 4) vorheizen und eine flache Auflaufform darin anwärmen.
5 Den Reis mit Salz und Currypulver würzen. Zur Hälfte in die Auflaufform füllen. Die Gemüse-Pilz-Mischung darüber geben. Mit dem restlichen Reis bedecken.
6 Sahne mit Gemüsebrühe, Muskatnuss, Salz und Pfeffer würzen. Den Käse einrühren. Die Sauce gleichmäßig über die Zutaten verteilen.
7 Die Gemüse-Reis-Mischung auf der mittleren Schiene des Backofens 15 bis 20 Minuten gratinieren. Mit der restlichen Petersilie bestreuen und sofort servieren.

Fenchel schmeckt auch hervorragend, wenn man ihn kurz in Salzwasser blanchiert und in einer Sauce aus Tomaten und Oliven mit Mozarella überbäckt.

Grüner Spargel mit Eivinaigrette

Dünsten Sie grünen Spargel auch einmal in Olivenöl, und bestreuen Sie ihn anschließend mit Petersilie und grob geraspeltem Parmesankäse.

Zutaten für 4 Portionen

4 Eier • 1 kg grüner Spargel • Salz, frisch gemahlener Pfeffer Zucker • 1 Bund Schnittlauch • 1 Kästchen Kresse • 2 TL milder, heller Essig • 2–3 EL Wasser • 1 TL Dijonsenf • 4 EL Öl

1 Die Eier in kochendes Wasser geben und in 8 bis 10 Minuten hart kochen. Kalt abschrecken, pellen und klein hacken.
2 Die Spargelstangen waschen und im unteren Drittel schälen. Etwa 1 Liter Wasser mit etwas Salz und Zucker zum Kochen bringen und den Spargel darin in 10 bis 15 Minuten bissfest garen.

3 Den Schnittlauch waschen, trockenschütteln und in Röllchen schneiden. Die Kresse abspülen, vom Beet schneiden und klein hacken.
4 Den Essig mit Wasser, Senf, Öl, Salz, Pfeffer und den Kräutern verrühren. Die gehackten Eier einrühren. Den Spargel anrichten und die Vinaigrette darüber geben.

Grüner Spargel mit Eivinaigrette – eine Delikatesse, für die man nicht zu viel Geduld braucht: Grüner Spargel muss nicht geschält werden.

Artischockensalat mit Nudeln

Zutaten für 4 Portionen
1 Zwiebel • 1 Knoblauchzehe • 2 EL Olivenöl • 8 kleine
Artischocken • Saft von 1/2 Zitrone • 200 g Spaghetti
1 Tomate • Salz, frisch gemahlener Pfeffer • 1 TL Balsamico-
essig • Petersilie

1 Zwiebel und Knoblauch abziehen und fein hacken. In dem Öl bei schwacher Hitze goldbraun braten, dann beiseite stellen.

2 Von den Artischocken die äußeren 1 bis 2 Blattreihen entfernen, die Blattreste zum Stängel hin abschälen und die Blattspitzen großzügig abschneiden. Die Knospe in etwa 5 Millimeter dicke Scheiben schneiden, das Heu entfernen und die Scheiben sofort mit dem Zitronensaft beträufeln.

3 Die Pfanne wieder erhitzen, die Artischocken zu den Zwiebeln geben, kurz anbraten und zugedeckt etwa 10 Minuten dünsten.

4 Die Nudeln in Salzwasser bissfest garen. Abgießen und mit dem Gemüse vermischen. Mit Salz, Pfeffer und Balsamicoessig würzen.

5 Die Tomate waschen und achteln. Die Petersilie waschen und trocknen. Ihre Blätter fein schneiden und mit der Tomate unter den Salat mischen.

Sie können diesen Salat zusätzlich mit gelbem Paprika und Zucchini anreichern. Die Gemüse werden klein geschnitten und zusammen mit den Artischocken und den Zwiebeln 10 Minuten gedünstet.

TIPP Kleine Artischocken eignen sich gut zum Überbacken oder zum Andünsten in Öl. Große Artischocken werden im Ganzen gekocht. Dafür gibt man sie aufrecht in einen Topf mit Salzwasser und lässt sie etwa 30 Minuten kochen. Mit einer Mayonnaise oder Kräutersauce servieren: Die Blätter einzeln abzupfen, in den Dip tauchen und das untere, fleischige Ende auslutschen.

Wurzeln und Knollen

Diese optisch eher unscheinbaren Gemüsesorten gewinnen sicherlich keinen Schönheitswettbewerb, bestechen jedoch durch Inhalt und Geschmack. Früher machten sie einen Großteil der Alltagsernährung aus. Über die Jahre gerieten sie in Vergessenheit, für viele waren sie auch mit der Erinnerung an schlechte Zeiten verbunden, in denen man z. B. von Kohlrüben satt werden musste und das jeden Tag. Heute entdecken wir diese Gemüsesorten wieder und sind überrascht, wie edel Steckrüben oder Pastinaken schmecken können.

Unauffällig, aber delikat

Möhren, Petersilienwurzel und **Pastinaken** sind miteinander verwandt und werden ähnlich verwendet. Petersilienwurzeln und Pastinaken sind im Gegensatz zu den Möhren weiß bis cremefarbig und meist etwas dicker. Ihr Geruch und Geschmack ist kräftig aromatisch und leicht nussig. Das Fruchtfleisch enthält viel Stärke und ist daher die ideale Grundlage für Pürees, Saucen, Suppen und Eintöpfe. Möhren werden wegen ihrer Süße auch in Kuchen oder Gebäck verarbeitet.

Die fingerdicken **Schwarzwurzeln** gibt es auch mit weißen Schalen. Sie haben ein milchig-weißes Fruchtfleisch und erinnern in Farbe und Geschmack etwas an Spargel. Die Stangen sind zwar problematisch zu putzen, aber der Aufwand lohnt sich. Sie werden meist mit einer Béchamel- oder Käsesauce, in Teig gebacken oder frittiert zubereitet. Man kann sie aber auch kalt mit einer Vinaigrette servieren.

Wurzeln und Knollen sind von jeher für ihre heilkräftige Wirkung bekannt. In erster Linie schmecken sie aber köstlich – ganz gleich, ob man sie gart oder als Rohkost zubereitet.

Pikante Scharfmacher

Meerrettich ist seit dem 15. Jahrhundert bei uns bekannt, wurde aber in den letzten Jahren vorwiegend als Fertigprodukt verkauft. Seit einiger Zeit wird er auf Märkten und in Bioläden auch wieder frisch angeboten. Geriebener Meerrettich wird meist in pikanten Saucen als köstliche Beilage zu gekochtem Rindfleisch und geräuchertem Fisch verarbeitet. Er passt auch hervorragend zu Eiern, Kartoffeln, Sellerie und Roter Bete.

Rettiche und **Radieschen** gehören zu einer alten Gemüsefamilie, die aus Vorderasien stammt und bei uns einen festen Platz auf den Salattellern hat. In den östlichen Ländern werden sie auch gegart in Suppen und Eintöpfen serviert. Gegarter Rettich schmeckt weniger scharf und erinnert im Geschmack an junge weiße Rüben.

Die jungen, zarten Blätter des Rettichs sind ebenfalls essbar und werden wie Spinat zubereitet.

Winterhart und ausdauernd

Die **Kartoffel** gelangte im 16. Jahrhundert aus dem gerade entdeckten Amerika nach Europa und gehört seither zu den beliebtesten Grundnahrungsmitteln. Wegen ihres neutralen Geschmacks lässt sie sich äußerst vielseitig verwenden. Fest kochende Sorten eignen sich am besten für Salat und Bratkartoffeln, vorwiegend fest kochende Sorten werden für Salz- und Pellkartoffeln verwendet. Mehlig kochende Sorten sind ideal für Pürees, Suppen und Klöße geeignet.

Anders als ihr Name vermuten lässt, sind **Süßkartoffeln** nicht mit den Kartoffeln verwandt, sondern gehören zur Familie der Winden und tragen wie diese herrliche Blüten. Ihr orangerotes Fruchtfleisch ist ähnlich vielseitig verwendbar wie das der Kartoffel. Wegen des eher süßen Geschmacks findet es aber auch in Puddings, Kuchen, Broten und Gebäck Verwendung.

Topinambur ist die Knolle einer sonnenblumenähnlichen, winterfesten Pflanze. Er war bei uns vor längerem als Gemüse sehr beliebt, bis er von der Kartoffel verdrängt wurde. Topinambur kann als Rohkost serviert werden, gegart ist er eine Alternative zu Kartoffeln und schmeckt als Püree, Gratin oder Gemüsebeilage mit Crème fraîche.

Raue Schale, weicher Kern

Der **Knollensellerie** gehört zu den beliebtesten Heimatgemüsen. Unter der rauen, bräunlichen Schale verbirgt sich sein cremeweißes, knackiges Fruchtfleisch, das im Vergleich zum Fleisch des Stangenselleries etwas pikanter schmeckt. Sellerie muss dick geschält werden, danach wird er, je nach Verwendungszweck, roh geraspelt bzw. in Scheiben geschnitten, gekocht oder püriert. Man schätzt sein kräftiges Aroma in Suppen, Eintopfgerichten, Saucen oder Salaten.

Vor allem seiner blutreinigenden Wirkung verdankt der Sellerie seine traditionelle Bedeutung als Volksheilmittel.

Ein Klassiker – neu entdeckt

Steck- oder **Kohlrüben** und **weiße Rüben** sind nahe Verwandte. Steckrüben sind meist etwas größer als weiße Rüben, sowohl Schale als auch Fruchtfleisch sind gelblich. Weiße Rüben sind rund oder länglich, das Fruchtfleisch ist weiß, während die Schale teilweise rötlich oder violett gefärbt sein kann. Das Aroma erinnert etwas an Rettiche. Eine besonders zarte Variante sind die kleinen **Navets** oder die **Teltower Rübchen.**

Rüben schmecken roh oder gekocht, man legt sie häufig in Essig ein oder gibt sie in Suppen oder Eintopfgerichte. Besonders gut schmecken sie mit Butter, Sahne und Muskatnuss oder als Gratin. Häufig werden sie auch allein oder zusammen mit Kartoffeln und Möhren zu Püree verarbeitet.

Knallige Farbe, erdiger Geschmack

Die **Rote Bete** wurde schon von den alten Römern geschätzt. Zwischenzeitlich fristete sie ein Schattendasein als preiswerte, rustikale Beilage. Doch diese Zeiten sind vorbei: Rote Bete lässt sich auf vielfältige und interessante Art zubereiten. Neben der traditionellen Verwendung in Salaten und Suppen wird die gesunde Knolle inzwischen auch zu Gemüseschnitzeln und Kuchen verarbeitet. Ihr Saft ergibt ein vitaminreiches Getränk, man kann aber auch Sahne, Quark, Remoulade oder Nudeln damit färben. Der süßliche Geschmack der Roten Bete harmoniert besonders gut mit Meerrettich.

Rote Bete beinhaltet alle notwendigen Wirkstoffe für eine Vital- und Verjüngungskur alter und kranker Körperzellen.

Einkauf und Lagerung

Wurzel- und Knollengemüse speichern besonders leicht Schadstoffe. Deshalb lohnt es sich, diese Gemüsesorten aus biologischem Anbau zu kaufen. Da sie sich gut lagern lassen, sind sie fast das ganze Jahr über erhältlich, aber frisch geerntet haben sie natürlich das beste Aroma. Wählen Sie immer die Gemüse, die gerade Erntesaison haben. Ihr Geschmack ist am besten und ihr Nährwert am höchsten. Wurzeln und Knollen sollten möglichst fest sein und eine glatte Schale haben. Die Blätter sollten zart sein und eine schöne grüne Farbe besitzen. Kartoffeln sollten weder Keime noch grüne Stellen aufweisen.

Im Kühlschrank halten sich Wurzeln und Knollen ein bis zwei Wochen. Länger frisch bleiben sie, wenn man sie an einem dunklen, kühlen Ort bei hoher Luftfeuchtigkeit aufbewahrt oder wie früher üblich in Sand vergräbt. Entfernen Sie die Blätter, das Gemüse wird sonst schneller welk. Wurzelgemüse halten sich länger, wenn man sie in feuchten Küchenkrepp wickelt.

Frühlingsmöhren mit Parmaschinken

Zutaten für 4 Personen
8 kleine Möhren mit Grün · 1 TL Balsamicoessig
frisch gemahlener Pfeffer · 8 kleine Stängel Petersilie
8 dünne Scheiben Parmaschinken

1 Die Möhren gründlich waschen und bürsten. Die kleinen Herzblättchen stehen lassen. In einem Topf mit wenig Wasser in etwa 10 Minuten bissfest garen. Anschließend den Balsamicoessig zugeben und die Flüssigkeit einkochen lassen.

2 Die Möhren mit dem Pfeffer würzen und etwas abkühlen lassen.

3 Die Petersilie waschen, trocknen und fein hacken. Die Schinkenscheiben einzeln ausbreiten und mit etwas Petersilie bestreuen. Die Möhren darin einrollen.

Fügen Sie beim Garen dem Wasser etwas Butter zu: Fett sorgt dafür, dass der Körper das Vitamin A der Möhren besser aufnehmen kann.

Parmaschinken muss hauchdünn geschnitten sein, dann zergeht er auf der Zunge. Probieren Sie als Alternative auch einmal den würzigen spanischen Serrano.

Möhrenpüree mit Zanderfilet

Zutaten für 4 Portionen
300 g Möhren • 1 EL Butter • 250 ml Gemüsebrühe
1 TL Mehl • 600 g Zanderfilet, wenn möglich mit Haut
4 TL Zitronensaft • Salz, frisch gemahlener Pfeffer
2 EL Keimöl • 50 g Sahne • 1 Prise Currypulver
1 Zweig Thymian oder glatte Petersilie

Als Beilage zu diesem Gericht passen Nudeln, Kartoffeln, Pastinaken, Petersilienwurzeln, Brokkoli, Spinat oder andere grüne Gemüse.

1 Die Möhren schälen und grob raspeln. Die Butter erhitzen und die Möhren darin 2 Minuten andünsten. Die Brühe aufgießen und 10 bis 15 Minuten zugedeckt kochen.

2 Das Mehl mit 1/2 Tasse kaltem Wasser verrühren, in die Sauce einrühren und noch einige Minuten kochen lassen.

3 In der Zwischenzeit die Fischfilets säubern, mit dem Zitronensaft beträufeln, salzen und pfeffern.

Das Öl in der Pfanne erhitzen und die Filets auf der Hautseite 5 bis 7 Minuten anbraten, dabei anfangs zudecken.

4 Die Sauce mit einem Stabmixer pürieren. Die Sahne einrühren und mit Salz und Currypulver würzen. Die Kräuter abspülen und trocknen. Die Thymianblättchen von den Stängeln streifen oder die Petersilie fein schneiden. Die Kräuter einrühren und die Sauce abschmecken.

TIPP Wohlschmeckend und zugleich gesund sind die verschiedenen Versionen des Möhrensalats, für den man Möhren reibt und mit Essig, Öl und anderen Zutaten wie geriebenen Äpfeln oder Birnen vermischt. Häufig wird der Essig durch Zitronen- oder Orangensaft ersetzt. Zu solchen Salaten passen Rosinen, Haselnüsse, Sonnenblumenkerne oder Senfkörner besonders gut.

Möhren mit Porree und chinesischen Pilzen

Zutaten für 4 Portionen
20 g getrocknete Mu-Err-Pilze (ersatzweise Egerlinge)
300 g Möhren • 1 Bund Lauchzwiebeln • 2 Knoblauchzehen
2–3 cm Ingwerwurzel • 4 EL Olivenöl • 4–5 EL Sojasauce
2 EL Sherry • Salz, frisch gemahlener Pfeffer
1–2 TL brauner Zucker • 2 EL Kürbis- oder Cashewkerne

1 Etwa 1 Liter Wasser zum Kochen bringen. Die Mu-Err-Pilze mit der Hälfte des Wasser überbrühen, 1 bis 2 Minuten ziehen lassen, dann abgießen. In das restliche Wasser geben und darin bei schwacher Hitze zugedeckt kochen lassen.

2 Die Möhren waschen, schälen und in feine Streifen schneiden. Die Lauchzwiebeln waschen, putzen und in Röllchen schneiden. Die Knoblauchzehen abziehen und würfeln. Den Ingwer waschen, schälen und fein hacken.

3 Das Öl bis auf einen kleinen Rest erhitzen, den Knoblauch und den Ingwer darin kurz anbraten. Die Möhren zugeben, unter Rühren anbraten. Sojasauce und Sherry zugießen und das Gemüse bei mittlerer Hitze etwa 5 bis 6 Minuten zugedeckt dünsten.

4 Die Pilze durch ein Sieb abgießen, eventuell etwas zerkleinern, zum Gemüse geben und etwa 5 Minuten mitdünsten. Wenn die Flüssigkeit verkocht sein sollte, 1 bis 2 Tassen des Pilzeinweichwassers angießen.

5 Die Zwiebeln einrühren und mit Salz, Pfeffer und Zucker würzen. Eventuell noch mit etwas Sojasauce abschmecken.

6 Kürbis- oder Cashewkerne in dem restlichen Öl unter Rühren rösten und darüber streuen.

Zu dieser fernöstlichen Gemüsepfanne servieren Sie am besten aromatischen Duftreis und/oder kurz gebratenes Fleisch oder Fisch.

Petersilienwurzelsalat

Zutaten für 4 Portionen
400 g kleine bis mittelgroße Petersilienwurzeln
40 g Butter · Salz · 1/2 unbehandelte Zitrone
50 g Sahne · 1 Bund Schnittlauch · 4 Salatblätter

Dieser Salat schmeckt am besten lauwarm. Als Beilage und zur Garnierung eignen sich besonders gut gedünstete Zuckerschoten.

1 Die Petersilienwurzeln schälen und in dünne Scheiben hobeln.
2 Die Butter in einer Pfanne zerlassen, die Petersilienwurzeln zugeben, salzen und zugedeckt bei mittlerer Hitze bissfest dünsten.
3 Die Zitrone heiß abwaschen, die Schale dünn abreiben, den Saft aus-pressen. Beides mit der Sahne über die Wurzeln geben und etwas einkochen lassen.
4 Den Schnittlauch waschen, trocknen, in Röllchen schneiden und darüber streuen. Die Salatblätter waschen, trocknen und auf die Teller legen. Den Salat darauf anrichten.

Petersilienwurzelrisotto mit Ingwer

Zutaten für 4 Portionen
2 Zwiebeln · 1–2 cm Ingwerwurzel · 2 Petersilienwurzeln mit Blättern · 2 EL Olivenöl · 400 g Risotto-Rundkornreis 600 ml heiße Gemüsebrühe · 250 ml Weißwein · 1 mittelgroße Zucchini · 50 g Parmesan oder Pecorino · Salz, frisch gemahlener Pfeffer

1 Zwiebeln und Ingwer schälen und fein würfeln. Petersilienwurzel und -blätter waschen. Die Wurzeln dünn abschaben und fein raspeln. Petersilienstängel fein hacken, die Blätter beiseite legen.

2 Das Öl in einem Topf erhitzen und Zwiebeln, Ingwer, Petersilienwurzel und -stängel darin einige Minuten andünsten. Den Reis dazugeben, Gemüsebrühe und Wein zugießen, umrühren und zugedeckt 15 Minuten quellen lassen. Dabei immer wieder umrühren.

3 Die Zucchini putzen, waschen und in feine Streifen schneiden. Petersilienblätter fein hacken.

Beides in den Reis einrühren und noch 5 Minuten weiter garen.

4 Den Reis auf Bissfestigkeit testen. Sollte die Konsistenz zu fest sein, noch etwas Wasser einrühren (der Risotto sollte eine leicht cremige Konsistenz, die Körner jedoch noch Biss haben).

5 Risotto von der Kochstelle nehmen. Parmesan reiben und einrühren, mit Salz und Pfeffer würzen.

Pastinakencremesuppe

Zutaten für 4 Portionen
300 g Pastinaken · Salz, frisch gemahlener Pfeffer
1 EL gekörnte Gemüsebrühe · 1 große Möhre
4 Stängel Petersilie · 2–3 EL Sahne

1 Die Pastinaken waschen, dünn schälen und fein raspeln. Mit etwa 800 Milliliter Wasser in einen Topf geben und etwa 20 Minuten kochen. Die gegarten Pastinaken mit dem Stabmixer pürieren, mit Salz, Pfeffer und Gemüsebrühe würzen.

2 Die Möhre schälen, in feine Streifen (Julienne) schneiden und 5 Minuten in der Suppe kochen lassen.

3 Die Petersilie waschen, trocknen, fein hacken und mit der Sahne in die Suppe einrühren. Nochmals abschmecken.

Nach dem gleichen Rezept, jedoch ohne Möhre und mit der halben Flüssigkeitsmenge, können Sie eine cremige Gemüsesauce zubereiten.

Pastinaken-Kürbis-Küchlein mit Dilljoghurt

Zutaten für 4 Portionen

300 g Pastinaken • 200 g Kürbis • 4 Eier • 2 EL Olivenöl
1 Prise Curry • 1 Prise Muskatnusspulver • Salz, Pfeffer
40 g Parmesan oder Pecorino • 2–3 Stängel Dill
125 g Joghurt • Butterschmalz zum Ausbacken

Anstelle von Kürbis können Sie für dieses Rezept ebenso gut auch Zucchini verwenden.

1 Pastinaken waschen und dünn schälen. Kürbis schälen (faseriges Fruchtfleisch und Kerne entfernen). Beides fein raspeln.
2 Eier in einer Schüssel verquirlen. Den Käse fein reiben und einrühren.
3 Mit Curry, Muskatnuss, Salz und Pfeffer würzen und unter die Gemüsemasse mischen.

4 Dill waschen, trocknen, klein schneiden und in den Joghurt einrühren. Mit Salz abschmecken.
5 In einer beschichteten Pfanne das Butterschmalz erhitzen. Die Gemüsemasse mit einem Löffel in kleinen Portionen hineingeben und die Küchlein bei mittlerer Hitze goldbraun ausbacken.

Pastinaken-Kürbis-Küchlein, eine filigrane Komposition aus deftigen Zutaten.

Lachs mit Meerrettich-Zitronen-Creme

Zutaten für 4 Portionen
50 g frischer Meerrettich • 1 Becher Crème fraîche
1 unbehandelte Zitrone • 1 EL Kapern • 200 g Räucherlachs
in Scheiben • 1 Zweig Dill

1 Meerrettich schälen, fein reiben und in die Crème fraîche einrühren. Etwa 5 Zentimeter der Zitronenschale dünn abschälen, mit den Kapern fein hacken.
2 Zitronenschale und Kapern in die Crème einrühren und abschmecken. Je einen Klecks Crème fraîche auf die Lachsscheiben geben und diese einrollen oder zum Lachs servieren.
3 Den Dill waschen, trocknen und zur Garnierung verwenden.

Meerrettichdip mit Apfel und Orange

Zutaten für 4 Portionen
50 g Meerrettich • 1 große Orange • 1 Apfel • Salz

1 Den Meerrettich schälen und fein reiben. Die Orange halbieren und auspressen, den Saft mit dem Meerrettich verrühren.
2 Den Apfel schälen, fein raspeln und einrühren. Den Meerrettichdip mit 1 Prise Salz kräftig abschmecken.

Meerrettichdips passen ausgezeichnet zu gekochtem Fleisch und zu geräucherten Wurst- oder Fischsorten.

TIPP Frischer Meerrettich schmeckt sehr scharf. Wenn Sie es etwas milder mögen, entschärfen Sie die Sauce durch die Zugabe von 1 bis 2 Esslöffeln Crème fraîche.

Tafelspitz mit Meerrettich-Kartoffel-Creme

Zutaten für 4–6 Portionen
Salz • 500 g Rindfleisch oder Kalbfleisch zum Kochen
(Tafelspitz) • 2 Möhren • 2 Petersilienwurzeln
6 Stangen Sellerie • 1 Lorbeerblatt • 2 Nelken • 1 Zwiebel
1 Stange Porree • 800 g mehlige Kartoffeln
1 kleine Stange Meerrettich (300 g) • 250 ml Milch

Die restliche Brühe kann als Suppe gegessen werden. Sie hält sich im Kühlschrank drei bis vier Tage.

1 2 Liter Salzwasser zum Kochen bringen. Das Fleisch in das kochende Wasser legen.
2 Möhren und Petersilienwurzel waschen, schälen und in den Topf geben. Sellerie waschen, Fäden abziehen und in Stücke schneiden. Das Lorbeerblatt mit den Nelken an der Zwiebel fixieren. Sellerie und Zwiebel dazugeben. Alles bei mittlerer Hitze 60 bis 90 Minuten sieden. Nach etwa 45 Minuten Garzeit den gewaschenen und geputzten Porree dazugeben.
3 Inzwischen die Kartoffeln schälen, würfeln und in wenig Wasser weich kochen. Den Meerrettich waschen, schälen, fein reiben und in einen kleinen Topf geben. Mit der Milch begießen und erhitzen.
4 Die Kartoffeln durch eine Presse drücken. Die Petersilienwurzel und die Zwiebel aus der Brühe nehmen, ebenfalls durchpressen und mit den Kartoffeln in die Meerrettichsauce einrühren. Mit Salz würzen.
5 Das Fleisch aus der Brühe nehmen, kurz ruhen lassen, dann in Scheiben schneiden. In Suppentellern anrichten. Möhren und Porree in Stücke schneiden und dazugeben. Einen Klecks der Gemüsecreme auf das Fleisch setzen und auf dem Tellerboden etwas Brühe angießen.

Schwarzwurzeln mit Kräutersauce

Zutaten für 4 Portionen

Salz • 3 EL Zitronensaft oder Essig • 600 g Schwarzwurzeln
1 EL Butter • 2 TL Mehl • 200 g süße Sahne • 1 TL Senf
1 TL gekörnte Gemüsebrühe • 100 g weiße Champignons
1 Bund Schnittlauch

1 1 Liter Wasser zum Kochen bringen. Salz, Zitronensaft oder Essig einrühren. Die Schwarzwurzeln waschen, schälen, abspülen, in Stücke schneiden und sofort in das Wasser legen, damit sie sich nicht verfärben. In 20 bis 30 Minuten bissfest kochen.

2 Inzwischen für die Sauce die Butter erhitzen. Das Mehl einstreuen und kurz anschwitzen. Die Sahne zugießen. Mit Salz, Senf und Gemüsebrühe würzen. Mit 1 Tasse Kochwasser aufgießen. Die Sauce bei schwacher Hitze etwa 10 Minuten kochen lassen.

3 Die Pilze putzen und in Scheiben schneiden. 5 Minuten in der Sauce ziehen lassen.

4 Den Schnittlauch waschen, trocknen und in Röllchen schneiden. Die Schwarzwurzeln abgießen. Die Wurzeln mit dem Schnittlauch in die Sauce rühren und nochmals abschmecken.

Als Beilage zu diesem Gericht schmecken Reis, Kartoffeln oder Bandnudeln.

TIPP Eine Spezialität der italienischen Küche sind Schwarzwurzeln mit Salbeibutter: 1 bis 2 Hand voll Salbeiblättchen waschen, trocknen und in feine Streifen schneiden. 100 Gramm Parmesan reiben. 2 Esslöffel Butter in einer Pfanne erhitzen und dabei leicht bräunen lassen. Die gegarten und in Stücke geschnittenen Schwarzwurzeln und den Salbei darin schwenken. Mit Parmesan bestreuen und sofort servieren.

Rettichgemüse

Zutaten für 4 Portionen
500 g weiße oder rote Rettiche (möglichst mit schönen
Blättern) • Salz • 1 Prise Currypulver • 2 EL Butterschmalz
1 TL Zucker • 1 Prise Cayennepfeffer • 2 TL Mehl
2 EL Kokosraspel

Rettiche aus dem Supermarkt sollte man gründlich schälen, da besonders die Wurzelgemüse aus konventionellem Anbau stark mit Schadstoffen aus dem Boden belastet sein können.

1 Rettiche waschen, dünn schälen und in feine Scheiben schneiden. In eine Schüssel geben, mit Salz und Currypulver würzen. 3 bis 4 Rettichblätter waschen und in feine Streifen schneiden.
2 Das Butterschmalz erhitzen, die Rettiche unter Rühren darin zugedeckt 10 bis 15 Minuten dünsten.

3 Rettichblätter, Zucker und Cayennepfeffer zufügen. Das Mehl in 1 Tasse kaltem Wasser glatt rühren, dazugeben und noch etwa 5 Minuten dünsten, bis der Rettich weich ist. Mit Salz würzen. Die Kokosraspel in einer Pfanne unter Rühren goldbraun rösten und vor dem Servieren über das Gemüse streuen.

Rettich-Kohlrabi-Salat

Zutaten für 4 Portionen
1 mittelgroßer Rettich (250 g) • 1 große Kohlrabiknolle
(300 g) • Salz • 2 EL Joghurt • 2 EL Crème fraîche
1 EL Zitronensaft • 1 Bund Schnittlauch • 2 EL Kürbis-
oder Sonnenblumenkerne

1 Den Rettich waschen und dünn schälen. Die Kohlrabiknolle schälen.

Rettich und Kohlrabi in feine Streifen hobeln oder auf der Rohkostreibe grob raspeln und in eine Schüssel geben.

2 Salz, Joghurt, Crème fraîche und Zitronensaft untermischen und den Salat 5 bis 10 Minuten ziehen lassen.

3 Inzwischen den Schnittlauch waschen, trocknen, in Röllchen schneiden und untermischen. Kürbis- oder Sonnenblumenkerne in einer Pfanne ohne Fettzugabe unter Rühren goldbraun rösten. Leicht abkühlen lassen und grob hacken. Die gehackten Samen unter den Salat mischen oder darüber streuen.

TIPP Um den Rettichgeschmack abzumildern, bestreut man den Rettich mit Salz und lässt ihn 10 Minuten ziehen, bevor man ihn mit den anderen Zutaten vermischt.

Radieschencarpaccio mit Mozzarella

Zutaten für 4 Portionen
1 Kästchen Kresse • 1 Bund Radieschen • 250 g Mozzarella
4 EL kaltgepresstes Olivenöl • 1 TL Balsamicoessig
Salz, frisch gemahlener Pfeffer

1 Die Kresse abspülen, abtropfen lassen und vom Beet schneiden. Zur Hälfte locker auf Portionsteller verteilen.

2 Die Radieschen waschen, putzen und fein über die Kresse hobeln.

3 Den Mozzarella in etwa 1 Zentimeter große Würfel schneiden und auf den Radieschen anrichten. Die restliche Kresse darüber streuen.

4 Das Olivenöl mit Essig und Salz verrühren und mit einem Teelöffel über den Salatzutaten verteilen. Den Pfeffer frisch darüber mahlen.

Anstelle der Kresse können Sie auch klein geschnittenen Schnittlauch oder Rucola verwenden.

Kartoffelwürfel mit Tomaten und Oliven

Zutaten für 4 Portionen
600 g fest kochende Kartoffeln · 2 EL Traubenkern- oder Olivenöl · 2 TL frische Rosmarinnadeln · 40 g getrocknete, in Öl eingelegte Tomaten · 4 Knoblauchzehen · Salz, frisch gemahlener Pfeffer · 4 TL schwarze Olivenpaste (Fertigprodukt) · 4 Stängel glatte Petersilie

Wenn Sie es gerne scharf mögen, würzen Sie dieses Gericht mit Chilischoten oder mit Chilipaste.

1 Kartoffeln schälen und in 1 bis 2 Zentimeter große Würfel schneiden.
2 Das Öl in einer Pfanne erhitzen, die Hälfte der Rosmarinnadeln und die Kartoffelwürfel hineingeben, kurz anbraten und zugedeckt bei mittlerer Hitze und unter gelegentlichem Rütteln etwa 10 Minuten braten.

3 Inzwischen eingelegte Tomaten und abgezogene Knoblauchzehen würfeln. Mit dem restlichen Rosmarin, Salz und Pfeffer zu den Kartoffeln geben und weitere 10 Minuten unter Rühren knusprig braten.
4 Olivenpaste untermischen. Petersilie waschen, trocknen, fein hacken und darüber streuen.

Gratinierte Süßkartoffeln

Zutaten für 4 Portionen
700 g Süßkartoffeln · 1 EL Rosmarinnadeln · 1 EL Thymianblättchen · 4 Salbeiblätter · 6 EL Olivenöl · 1 EL grobes Meersalz · frisch gemahlener Pfeffer

1 Die Süßkartoffeln waschen, dünn schälen und in etwa 5 Millimeter dicke Scheiben schneiden. Die Kräuter waschen und fein hacken.

2 Das Olivenöl in die Mitte eines Backblechs gießen und die Kräuter einrühren. Die Süßkartoffelscheiben mit beiden Seiten in das Öl tauchen und nebeneinander auf das Blech legen. Salz und Pfeffer darüber streuen.

3 Die Süßkartoffeln im vorgeheizten Backofen bei 200 °C (Umluft 180 °C, Gas Stufe 3–4) auf mittlerer Schiene etwa 20 Minuten backen, bis sie weich und an den Rändern leicht gebräunt sind. Sofort servieren.

Süßkartoffeln mit Äpfeln

Zutaten für 4 Portionen
500 g Süßkartoffeln • 2 EL Butter • 250 ml Milch
500 g Äpfel • 1 EL Rosinen • 1 EL Zucker • 1 Prise Zimt
1 EL Walnusskerne

Dieses Rezept eignet sich gut als raffinierte Gemüsebeilage zu geschmortem Wild und zu Geflügelgerichten wie Gans oder Ente.

1 Die Süßkartoffeln waschen, schälen und in etwa 5 Millimeter dicke Scheiben schneiden.

2 Die Butter in einer Pfanne schmelzen lassen und die Kartoffelscheiben darin unter Rühren andünsten. Die Milch dazugeben und die Kartoffelscheiben weitere 10 Minuten vorgaren.

3 Die Äpfel schälen, vierteln, vom Kerngehäuse befreien und in dünne Spalten schneiden. Die Süßkartoffeln in eine Auflaufform geben und die Apfelspalten darauf verteilen

4 Rosinen, Zucker und Zimt vermischen und darüber streuen. Die Walnusskerne grob hacken und über den Äpfeln verteilen.

5 Das Gratin im vorgeheizten Backofen (mittlere Schiene) bei 200 °C (Umluft 180 °C, Gas Stufe 3–4) etwa 30 Minuten backen.

Topinambursuppe mit Austernpilzen

Zutaten für 4 Portionen
400 g Topinambur • 2 TL gekörnte Gemüsebrühe
200 g Sahne • 100 g Austernpilze • 1 Knoblauchzehe
2 EL Butter • 1 Bund Petersilie • Salz • 1 Prise frisch
geriebene Muskatnuss

Für ein festliches Menü können Sie die Austernpilze auch durch Pfifferlinge, Shiitake- oder Steinpilze ersetzen.

1 Topinambur waschen, schälen und würfeln. Mit 750 Milliliter Wasser, der Gemüsebrühe und der Sahne etwa 10 Minuten kochen lassen.

2 Inzwischen die Pilze waschen und in feine Streifen schneiden. Die Knoblauchzehe abziehen und fein hacken. Knoblauch und Pilze in der Butter anbraten. Die Petersilie waschen, trocknen, fein hacken und mit den Pilzen vermischen.

3 Die Suppe mit dem Stabmixer pürieren. Mit Salz und Muskatnuss abschmecken. Die Pilz-Petersilien-Mischung zugeben und servieren.

Topinambur mit Senfsauce

Zutaten für 4 Portionen
2 Eier • 800 g Topinambur • 100 g Sahne • 1 EL Dijonsenf
1 TL körniger Senf • Salz • 1 Bund Schnittlauch

1 Die Eier hart kochen. Inzwischen den Topinambur waschen, schälen und würfeln. Mit 1/2 Liter Wasser in 15 bis 20 Minuten weich kochen.

2 2 Esslöffel des gekochten Topinamburs in einen kleinen Topf geben und mit einem Kartoffelstampfer oder einer Gabel zerdrücken. Mit der Sahne und dem Senf verrühren. Den restlichen Topinambur vorsichtig dazugeben und das Gemüse mit Salz abschmecken. Falls nötig, noch etwas heißes Wasser oder Milch angießen.

3 Die Eier kalt abschrecken, pellen und klein hacken. Den Schnittlauch waschen, trocknen und in Röllchen schneiden. Eier und Schnittlauch über das Gemüse streuen.

Sellerieschnitzel

Zutaten für 4 Portionen
2 große Sellerieknollen · 1 EL Zitronensaft oder Essig · Salz
1 Ei · 50 g Parmesankäse · 2–3 EL Semmelbrösel
2–3 EL Olivenöl

1 In einem großen Topf etwa 2 Liter Wasser zum Kochen bringen.
2 Die Sellerieknollen waschen und schälen. Mit Zitronensaft oder Essig und 1 Teelöffel Salz im Wasser in etwa 20 Minuten nicht ganz weich kochen. Herausnehmen, gut abtropfen und etwas abkühlen lassen.
3 Die Knollen in 5 Millimeter dicke Scheiben schneiden. Das Ei auf einem Teller verquirlen. Den Käse reiben und mit den Semmelbröseln mischen. Die Scheiben zuerst in das Ei, dann in die Brösel-Käse-Mischung tauchen.
4 Das Öl in einer beschichteten Pfanne heiß werden lassen und die panierten Selleriescheiben bei schwacher Hitze auf beiden Seiten goldbraun braten. Dazu passen saftige Salate oder gedünstetes Mischgemüse, Tomaten- oder Pilzsauce oder ein Kräuterdip auf Joghurtbasis.

Auch aus Kohlrabi, Auberginen oder Zucchini können Sie Gemüseschnitzel zubereiten. Sehr dekorativ sieht es aus, wenn Sie sie mit Tomaten und Mozzarella überbacken.

Sellerie-Kartoffel-Püree

Zutaten für 4 Portionen
*500 g Sellerieknolle • 500 g mehlig kochende Kartoffeln
1/2 l Milch • 1 EL Butter • Salz • 1 Prise frisch geriebene
Muskatnuss • 4 Stängel Petersilie*

Bereiten Sie dieses Rezept anstatt mit Sellerie zur Abwechslung auch einmal mit Pastinaken, Möhren, Brokkoli oder Blumenkohl zu.

1 Die Sellerieknolle und die Kartoffeln waschen, schälen, in Würfel schneiden und in wenig Wasser weich kochen.

2 Die Milch erhitzen. Das gekochte Gemüse durch eine Kartoffelpresse drücken oder mit dem Kartoffelstampfer zerstampfen. Butter, Salz und Muskatnuss dazugeben und mit dem Schneebesen so viel Milch einrühren, bis ein cremiges Püree entsteht. Das Püree nochmals abschmecken.

3 Die Petersilie waschen, trocknen, fein hacken und über das Püree streuen.

Soufflé aus Rüben oder Pastinaken

Zutaten für 4 Portionen
*400 g Rüben oder Pastinaken • 2 EL Butter • 2 EL Mehl
300 ml Milch • 1 TL gekörnte Gemüsebrühe • Salz, frisch
gemahlener Pfeffer • 1 TL Senf • 1 Bund Petersilie • 4 Eier
50 g Pecorino oder Parmesan • Butter für die Form*

1 Die Rüben waschen, dünn schälen und fein raspeln.

2 Die Butter in einem größeren Topf erhitzen, das Mehl darin anschwitzen und die Milch einrühren. Die Rüben dazugeben und das Gemüse in der Sauce bei schwacher Hitze und gelegentlichem Rühren etwa 5 Minuten kochen lassen. Die Rüben sollten noch nicht ganz weich sein. Das Gemüse mit Brühe, Salz, Pfeffer und Senf abschmecken. Den Topf von der Kochstelle nehmen und etwas abkühlen lassen.

3 Die Petersilie waschen, trocknen und fein hacken. Die Eier trennen. Das Eiweiß mit 1 Prise Salz steif schlagen.

4 Den Backofen auf 220 °C (Umluft 200 °C, Gas Stufe 4–5) vorheizen. Eine Auflaufform darin anwärmen. Herausnehmen und ein Stück Butter auf den Boden der Form verlaufen lassen.

5 Petersilie und Eigelbe in das Gemüse einrühren. Den Käse reiben und zusammen mit den Eischnee unterheben. Die Masse in die Form füllen und das Soufflé auf der mittleren Schiene 25 bis 30 Minuten backen.

Glasierte Teltower Rübchen

Zutaten für 4 Portionen
500 g kleine Teltower Rübchen oder Navets • Salz
2 EL Butter • 2 TL Zucker • 2 Stängel Petersilie

1 Die Rüben waschen und bürsten oder dünn schälen. Mit 1/4 Liter Wasser und Salz in einen Topf geben und, je nach Größe, in 20 bis 30 Minuten zugedeckt weich kochen. Abgießen, dabei das Gemüsekochwasser auffangen.

2 Die Butter mit dem Zucker erhitzen, bis er braun wird. Die Rüben hineingeben und in der Pfanne schwenken. Das Kochwasser aufgießen und den Karamell lösen. Die Sauce bis auf einen kleinen Rest einkochen lassen.

3 Die Petersilie waschen und trocknen. Die Blätter fein hacken und über die Rübchen streuen.

Zum Karamellisieren eignen sich auch Schalotten, Rosenkohl, zarte Möhrchen, Pastinaken, Petersilienwurzeln und Esskastanien.

Rote-Bete-Suppe mit Scampi

Zutaten für 4 Portionen
8–12 tiefgefrorene Scampi • 400 g Rote Bete
1 mittelgroße Kartoffel (100 g) • 2 TL gekörnte Gemüsebrühe
100 g Sahne • 2 TL Balsamicoessig • Salz • 1 Knoblauchzehe
1 Bund glatte Petersilie • 2 EL Butter • 1 Stück frischer
Meerrettich (etwa 5 cm)

Rote Beten behalten ihre Farbe am besten, wenn man der Kochflüssigkeit etwas Säure, beispielsweise Zitronensaft oder Essig, zufügt, während sie sich durch die Beigabe von Salz blass verfärben.

1 Die gefrorenen Scampi auftauen lassen.

2 Die Rote Bete und die Kartoffeln waschen und dünn schälen. Beides auf einer Gemüsereibe fein raspeln und zusammen in einen Topf geben.

3 1/2 Liter Wasser dazugießen und mit dem Gemüse zum Kochen bringen. Die gekörnte Gemüsebrühe einrühren und alles zugedeckt etwa 30 Minuten garen.

4 Die Suppe mit einem Stabmixer pürieren. Die Sahne und den Balsamicoessig zugeben und mit Salz abschmecken.

5 Die Scampi aus der Schale lösen. Mit einem spitzen Messer entlang der Rundung einschneiden und den Darm, der aussieht wie ein schwarzer Faden, entfernen.

6 Die Knoblauchzehe abziehen und fein hacken. Die Petersilie waschen, trocknen und in feine Streifen schneiden.

7 Die Butter heiß werden lassen, den Knoblauch darin andünsten. Die Scampi zugeben und 3 bis 4 Minuten in der Pfanne schwenken. Salzen und mit der Petersilie bestreuen.

8 Die Suppe in vorgewärmte Teller verteilen und je eine Portion Scampi mit etwas Kräuterbutter in die Mitte setzen. Den Meerrettich schälen und großzügig über die Suppe raspeln. Frisches Weißbrot oder Baguette dazu reichen.

Gratinierte Rote Bete

Zutaten für 4 Portionen

*800 g Rote Bete · 1 EL Butter · 1 EL Mehl · 500 ml Milch
50 g Emmentaler · 100 g Sahne · Salz, frisch gemahlener
Pfeffer · 2 Stängel Petersilie*

1 Die Rote Bete waschen, dünn schälen und in feine Stifte schneiden. Etwa 1/4 Liter Wasser zugeben und zugedeckt etwa 10 Minuten vorgaren.

2 Den Backofen auf 200 °C (Umluft 180 °C, Gas 3–4) vorheizen.

3 Inzwischen die Butter erhitzen, das Mehl anschwitzen, mit der Milch aufgießen und die Sauce etwas einkochen lassen.

4 Die Rote Bete in die Auflaufform geben. Den Emmentaler reiben. Sahne und Käse in die Sauce einrühren. Mit Salz und Pfeffer würzen.

5 Die Sauce gleichmäßig über das Gemüse gießen und das Gratin im Backofen auf mittlerer Schiene 25 Minuten überbacken.

6 Die Petersilie waschen, trocknen und fein hacken. Vor dem Servieren über das Gratin streuen.

Wasser löst Nitrat. Deshalb gießt man die Garflüssigkeit von Roten Beten und Spinat besser weg, auch wenn dabei ein paar Vitamine und Mineralstoffe verloren gehen.

Schon die Farbzusammenstellung ist ein Genuss: Rote-Bete-Suppe mit Scampi.

Fruchtgemüse

Zu den Fruchtgemüsen gehört die große Kürbisfamilie mit vielen verschiedenen Arten: Sie reichen von der Minizucchini bis zum kiloschweren Riesenkürbis. Nachdem in den letzten Jahren die aus dem Mittelmeerraum stammende Zucchini einen festen Platz in unseren Küchen erobert hat, steigt nun auch wieder das Interesse an den einheimischen Kürbisgewächsen. Experimentierfreudige Köche entdecken die Qualitäten dieses vielseitigen und dekorativen Gemüses.

Vitaminreiche Vielfalt

Kürbisse haben ihren Ursprung in Mittelamerika und wachsen heute in einer großen Sortenvielfalt auf der ganzen Welt. Man unterscheidet die dünnschaligen Sommer- und die dickschaligen Winterkürbisse. Die kleineren Sommerkürbisse eignen sich am besten zum Kochen, da ihr Fruchtfleisch relativ fest ist. Sie schmecken in Salaten, Eintöpfen und Schmorgerichten und eignen sich gut zum Einlegen. Die großen Winterkürbisse mit ihrem weicheren Fruchtfleisch werden eher zum Pürieren oder für die Herstellung von Kuchen und Soufflés verwendet. Ihr relativ milder Geschmack kann durch großzügiges Würzen verstärkt werden. Kürbisfruchtfleisch wirkt entgiftend und entschlackend.

Ernährungsphysiologisch sehr wertvoll sind auch die Kürbiskerne: Sie enthalten wertvolles Eiweiß, viele Vitamine, Mineralien sowie ungesättigte Fettsäuren, die für Zellen, Cholesterinstoffwechsel, Haut und Schleimhäute unentbehrlich sind.

Die Familie der Kürbisse umfasst beeindruckend viele Mitglieder. Der Kürbis ist verwandt mit Gurke und Melone und wie diese die Frucht einer rankenden Pflanze.

Ein Hauch sonniger Süden

Zucchini stammen aus dem Mittelmeerraum, werden aber inzwischen auch bei uns angebaut. Sie ähneln den Gurken, die Schale kann grün oder gelb sein. Geschmacklich besteht kein großer Unterschied, der optische Effekt ist aber sehr reizvoll. Zucchini schmecken am besten jung, wenn sie nicht mehr als 20 Zentimeter lang sind. Je länger sie reifen und wachsen, desto mehr verlieren sie an Geschmack. Größere Exemplare eignen sich für Eintöpfe, Kuchen oder stark gewürzte Speisen. In der französischen und italienischen Küche sind auch die Zucchiniblüten beliebt, die mit Käsecreme, Fleisch und Fisch gefüllt oder als Beignets ausgebacken werden. Zucchini sind wegen ihres leicht nussigen Geschmacks nahezu universell verwendbar. Sie sind preiswert, schnell geputzt und das ganze Jahr über erhältlich.

Saftig und erfrischend

Gurken enthalten viel Wasser, kaum Kalorien und einiges an Biostoffen für die Schönheit, insbesondere Vitamin E und Kieselsäure. Es gibt sie in den unterschiedlichsten Arten.

Die **Gurke** ist ursprünglich in Ostasien beheimatet und wird dort schon seit Jahrtausenden angebaut. Ägypter, Griechen und Römer schätzten sie nicht nur als Nahrungsmittel, sondern auch wegen ihrer wohltuenden kosmetischen Wirkung. Weil Gurken Wärme brauchen und kälteempfindlich sind, wurden sie bei uns erst im Mittelalter heimisch. Während die lange Schlangengurke auf kaum einem Salatteller fehlt, ist die kürzere Gartengurke etwas in den Hintergrund getreten. Gurken enthalten viel Wasser, kaum Kalorien und wichtige Biostoffe für Schönheit und Gesundheit. Sie wirken erfrischend und tonisierend. Schlangengurken werden meist roh verzehrt, Gartengurken eignen sich als Suppeneinlage sowie zum Schmoren oder Einwecken. Gurken passen besonders gut zu Fischgerichten.

Gesunder Durstlöscher

Melonen gehören botanisch gesehen weder zu Gemüse noch zu Obst. Sie sind in Afrika und Indien heimisch, wo sie seit Urzeiten kultiviert werden. Für die Küche sind vor allem die verschiedenen Zuckermelonen (Honig-, Netz-, Charantais-, Kantalup- oder Ogenmelonen) interessant, da bei ihnen die Kerne in der Mitte konzentriert sind und sie sich daher schnell zu köstlichen Vor- oder Nachspeisen verarbeiten lassen. Diese süßen und saftigen Fruchtgemüse werden gerne mit pikanten Beilagen wie luftgetrocknetem Schinken, Salami oder geräuchertem Fisch kombiniert. Sie geben Gemüse-, Reis- und Geflügelsalaten eine besondere, süßsaure Note. Melonen sind ideale sommerliche Durstlöscher und liefern viele wertvolle Biostoffe. Sie harmonieren gut mit Ingwer, Zitronensaft, Portwein oder Sherry.

Zucker- melonen benö- tigen sehr viel Wärme und werden deshalb aus Ländern mit heißen, trocke- nen Sommern importiert.

Einkauf und Lagerung

Achten Sie beim Einkauf darauf, dass die Fruchtgemüse eine unversehrte, glänzende Schale und eine straffe Oberfläche haben. Mittelgroße Exemplare sind den ganz großen vorzuziehen. Reife Melonen erkennt man daran, dass das Stielende weich ist und hohl klingt, wenn man mit dem Fingerknöchel leicht dagegen klopft. Sehr weiche, stark riechende oder ungewöhnlich gefärbte Exemplare sind vermutlich überreif und faulen bereits. Zucchini und Gurken haben eine dünnere Schale und halten im Kühlschrank fünf bis sieben Tage. Unreife Melonen sollten bei Zimmertemperatur aufbewahrt werden, sie reifen dabei weiter. Reife Exemplare verderben schnell und sollten im Kühlschrank aufbewahrt werden. Kürbisse bleiben bei Raumtemperatur gelagert wochen- bis monatelang frisch.

Kürbiscremesuppe

Zutaten für 4 Portionen
700 g orangefarbener Kürbis • 200 g Petersilienwurzel
1 Zwiebel • 2 Knoblauchzehen • 2 cm Ingwerwurzel
2 EL Butterschmalz • 1 TL gekörnte Gemüsebrühe • Salz,
frisch gemahlener Pfeffer • 4 Stängel Dill, Petersilie oder
1 Bund Schnittlauch • 2 EL Kürbiskerne • 4 EL Sahne

Besonders attraktiv lässt sich die Kürbiscremesuppe auf den Tisch bringen, wenn Sie sie in einem ausgehöhlten Kürbis servieren.

1 Das Kürbisstück schälen, faseriges Fruchtfleisch und Kerne herauslösen. Das Fruchtfleisch grob raspeln. Die Petersilienwurzel schälen und würfeln.

2 Zwiebel und Knoblauchzehen abziehen und fein hacken. Den Ingwer schälen und fein hacken. Alle drei Zutaten im Butterschmalz bei mittlerer Hitze unter Rühren 3 bis 4 Minuten dünsten.

3 Kürbisfruchtfleisch und Petersilienwurzel dazugeben, kurz mitdünsten. 1 1/2 Liter Wasser zugießen und die Suppe bei mittlerer Hitze zugedeckt etwa 15 Minuten lang kochen lassen.

4 Suppe mit Gemüsebrühe, Salz und Pfeffer würzen. Von der Kochstelle nehmen und mit dem Stabmixer pürieren.

5 Dill, Petersilie oder Schnittlauch waschen, trocknen, klein schneiden und in die Suppe geben. Die Kürbiskerne hacken und in einer Pfanne ohne Zugabe von Fett rösten. Die Suppe in Teller füllen, je 1 Esslöffel Sahne in die Mitte geben und die gerösteten Kürbiskerne darüber streuen.

TIPP Statt der Petersilienwurzeln können Sie auch Pastinaken, Möhren oder Lauch verwenden. Die Suppe wird kräftiger, wenn Sie ihr geröstete Brotwürfel oder gegarten Reis beigeben.

Eingelegter Kürbis süßsauer

Zutaten für 4–5 Gläser à 500 ml
500 ml Obstessig • 250 g Zucker • 1 unbehandelte Zitrone
5 cm Ingwerwurzel • 1 Stange Zimt • 5 Nelken • 2 TL Salz
10 Pfefferkörner • 10 Pimentkörner • 1,5 kg Kürbisfrucht-
fleisch

Eingelegter Kürbis eignet sich gut als Garnierung von kalten Platten oder als Beilage zu Roastbeef oder Wild.

1 Essig, 1/2 Liter Wasser und Zucker aufkochen. Die Zitrone dünn abschälen, die Schale in Streifen schneiden und einrühren. Den Ingwer schälen, klein schneiden und mit Zimt, Nelken, Salz, Pfeffer und Piment in den Sud geben. 10 Minuten kochen lassen.
2 Den Kürbis schälen und entkernen. Frucht-fleisch würfeln, in den Sud geben und bei schwacher Hitze 20 bis 25 Minuten kochen, bis der Kürbis weich und glasig ist.
3 Die Gläser mit kochendem Wasser ausspülen. Kürbiswürfel in die Gläser verteilen. Den restlichen Sirup etwas einkochen lassen, in die Gläser füllen und luftdicht verschließen.

Eingelegter Kürbis: Das milde Fruchtfleisch harmoniert hervorragend mit der Schärfe von Ingwer, Pfeffer und Piment.

Kürbisgratin mit Kräutern und Pilzen

Zutaten für 4–6 Portionen

1 kg Kürbis • 2–3 Knoblauchzehen • 200 g Austernpilze oder Champignons • 2 EL Olivenöl • 1 Bund Lauchzwiebeln 1 Bund glatte Petersilie • 2 Stängel Rosmarin 400 g Fleischtomaten • Salz, Pfeffer • 4 EL Mehl • 100 g Pecorino • 50 g grüne Kürbiskerne • 1 EL Butter

Austernpilze haben ein feines Aroma und sind schnell gar. Wichtig ist, dass der Strunkteil großzügig entfernt wird, da er zäh sein kann.

1 Den Kürbis schälen, faseriges Fruchtfleisch und Kerne herauslösen. Das Fruchtfleisch in etwa 1 Zentimeter große Würfel schneiden. Den Knoblauch abziehen und fein hacken, die Pilze putzen und in Streifen bzw. in dünne Scheiben schneiden.

2 Den Backofen auf 220 °C (Umluft 200 °C, Gas Stufe 4–5) vorheizen und eine flache Auflaufform darin anwärmen.

3 Die Pilze im heißen Öl anbraten. Kürbiswürfel und gehackten Knoblauch zugeben und alles 4 bis 5 Minuten zugedeckt dünsten.

4 Die Lauchzwiebeln waschen, putzen und in Ringe schneiden. Die Petersilie und den Rosmarin waschen, trocknen und fein hacken. Die Fleischtomaten waschen und grob würfeln, dabei den Stielansatz herausschneiden.

5 Lauchzwiebeln, Petersilie, Salz und Pfeffer in die Form geben. Das Mehl darüber sieben, vermischen und das Gemüse einfüllen. Tomaten und Rosmarin darauf geben und etwas einrühren.

6 Den Käse grob reiben und darüber streuen. Kürbiskerne und Butterflöckchen auf dem Gratin verteilen. Im Backofen auf mittlerer Schiene etwa 20 bis 25 Minuten überbacken.

Kürbis mit Porree und Fleischstreifen

Zutaten für 4 Portionen

400 g Kürbis • 2 Zwiebeln • 2 Knoblauchzehen • 2 cm Ingwerwurzel • 1 EL Butterschmalz • 300 g Putenfleisch 4 Lauchzwiebeln • 1 EL Öl • 1 Tasse tiefgekühlte Erbsen Salz, frisch gemahlener Pfeffer • 1 TL Currypulver

1 Den Kürbis waschen, schälen, Kerne sowie faserige Teile entfernen und das Fruchtfleisch würfeln. Zwiebeln und Knoblauch abziehen und fein hacken. Den Ingwer waschen, schälen und ebenfalls fein hacken.

2 Zwiebeln, Knoblauch und Ingwer in Butterschmalz anbraten. Kürbisfruchtfleisch dazugeben, 1 Tasse Wasser angießen und das Gemüse etwa 5 Minuten zugedeckt dünsten. Der Kürbis sollte weich, aber noch nicht musig sein.

3 Inzwischen das Putenfleisch in Streifen schneiden. Die Lauchzwiebeln waschen, putzen und in Ringe schneiden. Das Öl in einer Pfanne erhitzen und die Fleischstücke unter Rühren kräftig anbraten.

4 Lauchzwiebeln und Erbsen dazugeben und alles noch 2 bis 3 Minuten dünsten lassen. Das Fleisch zu dem Gemüse geben und untermischen. Mit Salz, Pfeffer und Currypulver würzen. Als Beilage passen Reis, Nudeln oder Kartoffeln.

Sie können das Putenfleisch in diesem Rezept auch durch mageres Schweinefleisch ersetzen.

TIPP Dieses Gericht schmeckt auch hervorragend, wenn man die Kürbiswürfel mit 400 Gramm frischem Blattspinat und 4 Scheiben rohem Schinken kombiniert und das Ganze kräftig mit Salz, Pfeffer, Curry und einigen Basilikumblättern würzt.

Zucchini mit Pilzen und kalter Tomatensauce

Zutaten für 4 Portionen

500 g Zucchini • 100 g große Champignons
2 EL Olivenöl
Sauce: 250 g reife Tomaten • 2 EL Olivenöl • 1 TL Thymian-
blättchen • Salz, Pfeffer aus der Mühle • 1 Prise Zucker
2 Knoblauchzehen • 1 EL Öl • 2 EL Pinienkerne • 1 Tasse Basili-
kumblätter (ersatzweise Petersilie)

Sie können dieses Gericht zusätzlich mit luftgetrockneter Salami bzw. Schinken, Mozzarella, eingelegten Sardinen oder Thunfisch verfeinern.

1 Die Zucchini waschen, der Länge nach in dünne Scheiben schneiden und leicht salzen.

2 Die Pilze putzen und ebenfalls in dünne Scheiben schneiden.

3 Das Öl erhitzen und die Zucchini und Pilze auf beiden Seiten goldbraun braten, danach auf die Servierteller legen.

4 Für die Tomatensauce die Tomaten kurz in heißes Wasser legen, kalt abschrecken, abziehen, halbieren und dabei den Strunk keilförmig herausschneiden. Das Fruchtfleisch würfeln, in einen hohen Becher geben und mit einem Mixstab oder mit dem Blitzhacker pürieren. Die Tomatensauce mit der Hälfte des Öls, Thymian, Salz, Pfeffer und Zucker würzen.

5 Die Knoblauchzehen abziehen. Das restliche Öl erhitzen. Die Knoblauchzehen in feine Scheiben schneiden, in dem Öl in 1 bis 2 Minuten goldbraun braten und über das Gemüse verteilen.

6 Die Pinienkerne in einer gusseisernen Pfanne ohne Zugabe von Fett unter Rühren goldbraun rösten. Ebenfalls über das Gemüse geben.

7 Die Basilikumblätter waschen, abtropfen lassen und vor dem Servieren dekorativ über dem Gemüse verteilen.

Zucchiniflan mit Kräutern

Zutaten für 4 Portionen
1 Zwiebel • 2 Knoblauchzehen • 2–3 Salbeiblätter
1 Stängel Rosmarin • 4–5 Stängel Thymian • 3 Stängel
glatte Petersilie • 1 Bund Schnittlauch • 250 g Zucchini
4 EL Olivenöl • 200 g Sahne • 4 Eier • 50 g frisch geriebener
Parmesankäse • Salz, frisch gemahlener Pfeffer
1 Prise frisch geriebene Muskatnuss

1 Die Zwiebel und die Knoblauchzehen abziehen und fein würfeln. Salbei, Rosmarin, Thymian, Petersilie und Schnittlauch waschen und fein hacken. Zucchini waschen und fein raspeln.

2 Zwiebeln und Knoblauch in etwas Öl goldgelb braten. Salbei, Rosmarin, Thymian und Zucchini dazugeben und kurz dünsten. Die Sahne zugießen und auf die Hälfte einkochen lassen. Den Topf von der Kochstelle nehmen.

3 Den Backofen auf 180 °C (Umluft 160 °C, Gas Stufe 2–3) vorheizen, die Fettpfanne einschieben und mit Wasser füllen. Eine flache Auflaufform ölen. Die Eier trennen.

4 Petersilie, Schnittlauch, Eigelbe und den Parmesankäse in die Kräutersahne einrühren. Die Masse mit Salz, Pfeffer und Muskatnuss würzen.

5 Das Eiweiß steif schlagen und vorsichtig unterheben. Die Masse in die gefettete Form geben, diese in das heiße Wasserbad stellen und alles in etwa 30 bis 35 Minuten stocken lassen.

Sie können diesen Flan auch in kleinen Portionsschälchen zubereiten. Die Garzeit ist dann etwas kürzer.

TIPP Als Garprobe einen kleinen Messerschnitt machen: Wenn die Klinge trocken bleibt, ist der Flan fertig. Vom Rand lösen, in Stücke schneiden und servieren.

Zucchini-Möhren-Gemüse

Zwei Klassiker in einer exotischen Würzvariante. Diese Gemüsekombination passt sehr gut zu Fleisch, Fisch oder Getreidegerichten.

Zutaten für 4 Portionen
400 g Möhren • 4 cm Ingwerwurzel • 2 Knoblauchzehen 2 EL Butterschmalz oder Öl • 1/2 l Wasser • 500 g Zucchini 1 Stange Porree • 1 TL Currypulver • Salz • 2 TL gekörnte Gemüsebrühe • 1 Bund Petersilie

1 Möhren waschen, bürsten oder dünn schälen und in Scheiben schneiden. Ingwerwurzel schälen, Knoblauch abziehen, beides fein hacken.
2 Das Fett oder Öl erhitzen, den Ingwer und den Knoblauch darin andünsten. Die Möhren dazugeben, mit dem Wasser aufgießen und alles zugedeckt 5 bis 10 Minuten garen lassen.

3 Die Zucchini waschen und in Scheiben schneiden, zu den Möhren geben und weitere 5 Minuten dünsten.
4 Den Porree waschen, putzen, fein schneiden und zu dem Gemüse geben. Mit Curry, Salz und Gemüsebrühe abschmecken. Die Petersilie waschen, trocknen, fein hacken und darunter mischen.

Es muss nicht immer Quiche Lorraine sein: Der Zucchini-Gewürz-Kuchen schmeckt und sättigt als Vorspeise und als Zwischengericht.

Zucchini-Gewürz-Kuchen

Zutaten für eine Kastenform von 25 cm Länge
150 g Haselnüsse • Fett für die Form • 250 g Zucchini
80 g weiche Butter • 125 g Zucker • 1 Prise Salz • 2 Eier
1 EL Zimt • 1 TL gemahlene Vanille • 1 unbehandelte Zitrone
250 g Mehl • 2 TL Backpulver

1 Den Backofen auf 200 °C (Umluft 180 °C, Gas Stufe 3–4) vorheizen. Die Nüsse im Backofen etwa 15 Minuten rösten, bis sie würzig duften.
2 Die Kastenform fetten. Die Nüsse aus der Schale lösen und fein mahlen. Die Form mit 2 Esslöffeln der gemahlenen Nüsse ausstreuen. Die Zucchini waschen, putzen und mittelgrob raspeln.
3 Butter, Zucker, Salz, Eier, Zimt und Vanille mit dem Handrührgerät schaumig rühren. Die Hälfte der Zitronenschale abreiben und einrühren.
4 Das Mehl mit dem Backpulver vermischen und unterrühren. Nüsse und Zucchini zugeben. Der Teig soll cremig sein und schwer vom Löffel gleiten. Sollte er zu fest sein, noch etwas Milch dazugeben. Den Teig in die Form füllen und glatt streichen.
5 Den Kuchen etwa 60 Minuten backen, bis die Oberfläche schön gebräunt ist.
6 Den Kuchen aus dem Backofen nehmen, 4 bis 5 Minuten in der Form stehen lassen, dann vorsichtig von den Rändern lösen und auf ein Kuchengitter stürzen. Vor dem Servieren in Scheiben schneiden.

Dieser Kuchen lässt sich sehr gut einige Tage aufbewahren, da er wegen der Zucchini schön feucht bleibt.

TIPP Anstelle der Zitronenschale passt auch fein gehackter, frischer Ingwer in diesen Gewürzkuchen. Statt der Zucchini können Sie auch Kürbis verwenden.

Süßsaures Gurken-Dill-Gemüse

Zutaten für 4 Portionen
1 kg Garten- oder Schlangengurken · 4–6 TL Zucker
2 TL gekörnte Gemüsebrühe · 5–6 EL Obstessig · Salz, frisch
gemahlener Pfeffer · 2 TL Speisestärke · 30 g Butter
1 Bund Dill

Dieses leichte Gurkengericht schmeckt besonders gut an heißen Tagen. Servieren Sie es mit Pellkartoffeln und/oder Fischfilet.

1 Die Gurken schälen, der Länge nach halbieren, wenn nötig entkernen. Ein kleines Stück Gurke beiseite legen. Den Rest in 5 Millimeter dicke Scheiben schneiden.

2 1 Liter Wasser mit Zucker, Gemüsebrühe, Essig, Salz und Pfeffer zum Kochen bringen. Die Gurken dazugeben und bei mittlerer Hitze bissfest kochen.

3 Die Speisestärke in 2 bis 3 Esslöffeln kaltem Wasser anrühren, in das Gemüse rühren und alles noch 2 bis 3 Minuten kochen lassen.

4 Das restliche Gurkenstück fein raspeln und untermischen. Den Dill waschen, trocknen und fein schneiden. Mit der Butter dazugeben und mit Salz, Pfeffer und Essig abschmecken.

Senfgurken

Zutaten für etwa 6 Gläser à 250 ml
1,5 kg Schäl- oder Schmorgurken · 1–2 EL Salz · 6 Dillblüten
6 Sternanisrosetten · 500 ml Rotweinessig · 5 EL Zucker
4 Lorbeerblätter · 1 EL Pfefferkörner · 50 g Senfkörner

1 Die Gurken schälen, der Länge nach halbieren und die Kerne entfernen.

Das Fruchtfleisch in mundgerechte Stücke schneiden. Die Gurken salzen. Die Dillblüten waschen und abtropfen lassen.

2 Die Gläser mit kochendem Wasser ausspülen. In jedes Glas 1 Sternanisrosette und 1 Dillblüte geben.

3 Den Rotweinessig mit 125 Milliliter Wasser, Zucker, Lorbeerblättern, Pfeffer- und Senfkörnern aufkochen, bis sich der Zucker gelöst hat. Die Gurkenstücke portionsweise hineingeben, einige Minuten kochen, bis sie glasig sind, dann mit einem Schaumlöffel herausnehmen und sofort in die Gläser füllen.

4 Den heißen Sud darüber gießen. Die Gläser verschließen und im Backofen oder im Einmachtopf bei 70 °C 30 Minuten sterilisieren. Achten Sie beim Verschließen der Gläser darauf, dass die Ränder absolut sauber sind, damit die Gläser dicht bleiben.

Senfgurken sind eine beliebte Zugabe zu vielen Speisen sowie eine schmackhafte Dekoration zu Käse- und Wurstplatten.

Gurkenscheiben mit Lachstatar

Zutaten für 4 Portionen
1 kleine Salatgurke • 1 Stängel Dill • 100 g Räucherlachs
1–2 TL Olivenöl • Salz, frisch gemahlener Pfeffer

1 Die Gurke waschen und nach Belieben schälen. In 5 Millimeter dicke Scheiben schneiden. Den Dill waschen, trocknen und bis auf einen kleinen Rest klein schneiden.

2 Den Lachs mit einem großen Messer fein hacken oder im Blitzhacker zerkleinern. Das Olivenöl unterrühren, das Tatar mit Salz, Pfeffer und Dill würzen.

3 Teller mit Gurkenscheiben auslegen, das Lachstatar auf die Gurken setzen und mit einem Dillzweig garnieren.

Gurkencurry mit Pute

Zutaten für 4 Portionen
400 g Schalotten • 1 kg Gurken • 2 EL Öl • 1 EL Zucker
400 g Putenfleisch • 1 unbehandelte Zitrone • 2 cm Ingwer-
wurzel • 1 EL Butterschmalz • Salz • 1 EL Currypulver
1 TL Speisestärke • 2 Stängel glatte Petersilie

Gelbschalige Gurkensorten sind unter dem Namen »Azia-gurken« bekannt. Sie haben weißes Fruchtfleisch und ein kleines Kerngehäuse.

1 Die Schalotten abziehen und vierteln. Die Gurken schälen, der Länge nach halbieren und gegebenenfalls die Kerne mit einem Löffel entfernen. Die Gurkenhälften in 5 Millimeter dicke Scheiben schneiden.

2 Das Öl erhitzen und die Schalotten unter Rühren anbraten. Den Zucker einstreuen, karamellisieren lassen, dann sofort 1/4 Liter Wasser aufgießen. Die Gurkenstücke dazugeben und das Gemüse zugedeckt etwa 15 Minuten schmoren lassen, bis die Gurken glasig sind.

3 Inzwischen das Putenfleisch in Streifen schneiden. Die Zitrone heiß abwaschen. Die Hälfte der Schale abreiben und eine Zitronenhälfte auspressen. Den Ingwer schälen und fein hacken.

4 Das Butterschmalz in einer Pfanne schmelzen lassen, die Fleischstreifen darin anbraten. Mit Zitronensaft und 1 Tasse Wasser ablöschen und den Bratensatz lösen. Das Fleisch zum Gemüse geben, mit Salz und Currypulver würzen. Die Speisestärke mit 2 Esslöffeln Wasser anrühren und dazugeben.

5 Die Petersilie waschen, trockenschütteln und die Blätter in feine Streifen schneiden. Die Petersilie zugeben und das Curry abschmecken. Als Beilage zu diesem leichten Sommergericht passen Baguette, Reis oder Kartoffelbrei.

Gefüllte Schmorgurken

Zutaten für 4 Portionen
1 Schmorgurke (etwa 800 g) • Salz, frisch gemahlener Pfeffer• 2 Lauchzwiebeln • 100 g Austernpilze • 1 Knoblauchzehe • 1–2 EL Öl • 250 g Schafskäse • 50 g entsteinte schwarze Oliven • 1 TL Thymianblätter

Testen Sie bei Schmorgurken vor dem Schälen immer, ob die Gurken bitter sind. Schneiden Sie dafür am Stielansatz ein kleines Stück ab.

1 Die Gurke schälen, der Länge nach halbieren und entkernen. Die Gurkenhälften leicht salzen.

2 Die Gurken in einem Topf mit reichlich Salzwasser mit der Öffnung nach unten etwa 10 Minuten vorgaren.

3 Lauchzwiebeln waschen, Pilze putzen, Knoblauchzehe abziehen. Alles klein schneiden. Das Öl erhitzen, die Pilze darin scharf anbraten. Lauchzwiebeln und Knoblauch zugeben, kurz mitbraten.

4 Den Schafskäse zerbröckeln. Die Oliven hacken und beides unter das gedünstete Gemüse mischen. Mit Salz, Pfeffer und Thymian würzen und in die vorgegarten Gurkenhälften füllen. Diese in der Pfanne bei aufgelegtem Deckel etwa 15 Minuten schmoren.

Gurkencurry mit Pute ist ein besonders raffiniertes Gericht, das nicht allzu sehr belastet.

Gurken-Joghurt-Sauce

Aus dieser Sauce wird ein Fitnessdrink, wenn man sie mit 1/2 Liter Buttermilch oder Sprudel verdünnt.

Zutaten für 2 Portionen

1/2 Salatgurke · 1/2 l cremiger Joghurt · Salz, Pfeffer
2 Stängel Dill

1 Salatgurke waschen, fein raspeln und in den Joghurt einrühren. Mit Salz und Pfeffer würzen.

2 Den Dill waschen und trocknen, die Blätter bündeln, fein schneiden und einrühren.

Melonen-Gurken-Salat mit Ingwer

Zutaten für 4 Portionen

1 Salatgurke (etwa 500 g) · 1 kleine Melone (etwa 500 g)
1 rote Paprikaschote · 1 cm Ingwerwurzel · 2 EL Zitronen-
melisse- oder Pfefferminzblättchen · 3 TL Balsamicoessig
3 TL Zitronensaft · Salz, frisch gemahlener Pfeffer
2 EL Olivenöl · 4 Salatblätter · 6 schwarze Oliven

1 Die Gurke waschen, nach Belieben schälen und in Würfel schneiden. Die Melone vierteln, entkernen und schälen, das Fruchtfleisch ebenfalls würfeln. Die Paprikaschote putzen, waschen und fein würfeln.

2 Den Ingwer schälen und sehr fein hacken. Die Melisse oder Minze waschen, trockenschüt-

teln und in feine Streifen schneiden.

3 Balsamicoessig, Zitronensaft, Salz, Pfeffer und Öl verrühren und mit den Salatzutaten vermischen.

4 Die Salatblätter waschen, abtropfen lassen und auf Teller legen. Den Melonensalat abschmecken und auf die Salatblätter setzen. Mit den Oliven garnieren.

Melonenshake

Zutaten für 4–6 Gläser
1/2 reife Zuckermelone • 500 ml Trinkjoghurt
2 Kugeln Frucht- oder Vanilleeis

1 Die Melone vierteln und entkernen, das Fruchtfleisch in Würfel schneiden.

2 Trinkjoghurt und Eis dazugeben und alles sorgfältig mit dem Stabmixer verquirlen.

Schnelles Melonendessert

Zutaten für 2 Portionen
1 kleine reife Zuckermelone • 125 ml roter Obstsaft, z. B.
Johannisbeer-, Erdbeer- oder Kirschsaft

1 Die Melone waschen, halbieren und die Kerne entfernen.

2 Die entstandenen Höhlungen mit dem Obstsaft auffüllen und auslöffeln.

Melonensorbet

Zutaten für 4 Portionen
500 g Melonenfruchtfleisch • 2 EL Zitronensaft
1 TL Ingwerpulver • 2 Eiweiß • 100 g Sahne • 100 g Zucker

1 Melonenfruchtfleisch pürieren, Zitronensaft und Ingwer zugeben.
2 Eiweiß und Sahne getrennt voneinander steif schlagen, mit dem Melonenpüree und dem Zucker vermischen.
3 In der Tiefkühltruhe gefrieren lassen.

Melonen ergeben ausgepresst einen köstlichen Saft und schmecken püriert hervorragend als Sorbet oder Eiscreme.

Kohlgewächse

Kohl gehört neben der Kartoffel zu den Grundpfeilern der deutschen Küche. Keine andere Gemüsefamilie umfasst mehr unterschiedliche essbare Pflanzen. Kohl ist gesund, preiswert und wächst direkt vor unserer Haustür. Zu jeder Jahreszeit präsentiert er andere frische Vertreter: angefangen vom zarten Kohlrabi im Frühjahr über Brokkoli, Wirsing und Blumenkohl im Sommer bis hin zu den »Vorratsköpfen« wie Weiß- oder Rotkohl, Rosenkohl und Grünkohl in Herbst und Winter.

Rund und gesund

Weißkohl und **Rotkohl** gehören zur gleichen Gemüsefamilie und haben ähnliche Inhaltsstoffe. Elegante Verwandte sind der zarte **Spitzkohl** und der krausblättrige, würzig schmeckende **Wirsing.** Diese Kohlsorten sind äußerst ballaststoffreich und liefern dem Körper viele Vitamine und Mineralstoffe. Schon die Griechen und Römer züchteten Kohl nicht nur als Gemüse, sondern auch als Heilpflanze.

Aus in Streifen geschnittenem Weißkohl wird durch Einsalzen **Sauerkraut** hergestellt: Der Kohl beginnt durch das Salz zu gären und produziert Milchsäure. Sauerkraut ist nicht nur besser bekömmlich als andere Kohlzubereitungen, sondern auch besonders vitamin- und mineralstoffreich.

Geraspelter roher Weißkohl ergibt einen köstlichen Salat. Rotkohl wird gern als Gemüsebeilage zu Braten und Wildgerichten gereicht. Wirsing eignet sich besonders gut für Suppen und Eintopfgerichte.

Es gibt ungefähr 400 Kohlsorten, die zwar einige äußere Merkmale und bestimmte Heilwirkungen gemeinsam haben, sich jedoch in Form, Farbe und Geschmack erheblich voneinander unterscheiden.

Leicht und bekömmlich

Brokkoli und **Blumenkohl** sind eng miteinander verwandt. Brokkoli ist kein neues Gemüse, sondern der
Urahn der Kohlfamilie, den die Römer als »wilden
Kohl« aus Kleinasien mitbrachten und weiter kultivier-
ten. Blumenkohl ist ein später Abkömmling, der zum
ersten Mal im 16. Jahrhundert in Italien auftauchte und
danach den Brokkoli verdrängte.
Brokkoli gibt es mit grünen, bläulichen oder violetten
Röschen und auch mit verschiedenartigen Rosetten-
formen. Blumenkohl ist in der Regel weiß, es gibt aber
auch rote Sorten. Brokkoli und Blumenkohl sind unge-
heuer vielseitig: Ihr feiner Geschmack passt zu fast allem, und sie sind schnell zubereitet. Bissfest gegart, serviert man sie kalt oder warm, sie eignen sich gut als
Gemüsebeilage und werden in Suppen, Eintopf- und
Nudelgerichten, Omeletts und Soufflés verwendet.

**Grünkohl und
Rosenkohl sind
die robustesten
Vertreter der
Kohlfamilie und
halten Tempe-
raturen bis zu
−15 °C stand,
während sie
Wärme weniger
gut vertragen.**

Vitaminstoß für die kalte Jahreszeit

Grünkohl und **Rosenkohl,** die beiden Winterkohlsor-
ten, trotzen dem Frost und liefern uns als letztes Frisch-
gemüse im Jahr eine geballte Vitamin- und Mineral-
stoffladung. Der unscheinbare Grünkohl gehört zu den
gehaltvollsten Gemüsesorten und verdient daher mehr
Beachtung. Er schmeckt besonders gut, wenn er die ersten Nachtfröste abbekommen hat. Aufgrund seines in-
tensiven Geschmacks eignet er sich gut für Suppen und
Eintöpfe. Auch der Rosenkohl gewinnt durch Frostein-
wirkung an Geschmack. Im Ganzen gegart, ist er eine
beliebte Gemüsebeilage, zu der am besten zerlassene
Butter oder helle Saucen passen. Man kann ihn aber
auch gratinieren, sautieren oder zusammen mit Kartoffeln zu einem Püree verarbeiten.

Newcomer aus Omas Garten

Kohlrabi ist der verdickte Stiel einer Pflanze, die durch Kreuzung aus wildem Kohl und Rettich entstanden ist. Er besticht durch seinen feinen, leicht scharfen Geschmack und seine Saftigkeit. Am beliebtesten sind die ersten Frühjahrskohlrabi im April, die besonders zart sind. Kohlrabi gibt es in vielen Züchtungen, in weiß, hellgrün, violett oder auch in riesenwüchsigen Sorten. Er schmeckt roh sehr gut und wird daher häufig in Salaten verwendet. Köstlich schmeckt er auch als Gratin, püriert, gefüllt oder gedämpft mit einer hellen Sauce bzw. saurer Sahne. Zum feinen Geschmack des Kohlrabi passen Ingwer, Knoblauch und Meerrettich sowie eine Vielzahl frischer Kräuter. Seine Blätter können wie Spinat zubereitet werden und schmecken vorzüglich, wenn man sie mit etwas Zitronensaft beträufelt oder mit Butter verfeinert.

Einkauf und Lagerung

Achten Sie beim Einkauf darauf, dass die Kohlköpfe fest und glänzend sind und knackig-frische, unbeschädigte Blätter haben. Entfernen Sie von angewelkten Köpfen großzügig die äußeren Blätter, bis Sie auf glänzende Blätter stoßen. Wählen Sie bei Kohlrabiknollen die kleineren Exemplare, die weniger holzig sind. Brokkoli und Blumenkohl sollten leuchtend grün bzw. cremeweiß sein und noch nicht zu blühen begonnen haben. Die meisten Kohlsorten lassen sich im Gemüsefach des Kühlschranks oder im kühlen Keller unkompliziert und relativ lange lagern. Ausnahmen sind nur Kohlrabi, Brokkoli und Grünkohl. Diese sollte man am besten in einer Folie oder einer Frischhaltebox verpackt im Gemüsefach des Kühlschranks aufbewahren.

Wie anderes Kohlgemüse auch ist Kohlrabi ein typisches Gericht für die kältere Jahreszeit, das auch mal einer Erkältung vorbeugen kann.

Sauerkrautsalat

Zutaten für 4 Portionen
500 g frisches Sauerkraut • 1 TL Honig • 2 TL Sojasauce
2 EL Sonnenblumenöl • 1 großer Apfel • 1 Möhre
1 Bund Schnittlauch • Salz, frisch gemahlener Pfeffer

Frisches Sauerkraut aus dem Fass ist besonders reich an wertvollen Nährstoffen. Sie bekommen es im Bioladen oder im Reformhaus.

1 Das Sauerkraut mit einem großen Messer hacken, damit es sich leichter mischen lässt. Honig, Sojasauce und Öl in einer Schüssel verrühren und mit dem Kraut vermischen.
2 Den Apfel nach Belieben schälen, vierteln, vom Kerngehäuse befreien und in Spalten schneiden. Die Möhre waschen, schälen und raspeln. Den Schnittlauch waschen, trocknen, in Röllchen schneiden. Apfel, Möhre und Schnittlauch untermischen. Den Salat mit Salz und Pfeffer würzen.

Krautsalat mit Erdnüssen

Zutaten für 4 Portionen
500 g Weißkohl • Salz, Pfeffer • 1 Prise Zucker • 100 g Staudensellerie • 2 Lauchzwiebeln • 2 säuerliche Äpfel
2 TL Zitronensaft • 1 EL Apfelessig • 50 g Joghurt • 2 EL Öl
50 g geschälte Erdnüsse • 2 EL Sesamsamen

1 Den Weißkohl putzen, waschen, halbieren und den Strunk keilförmig herausschneiden. Den Kohl anschließend in feine Streifen schneiden oder hobeln.
2 Kohlstreifen mit Salz und Zucker vermischen und fest stampfen, damit die Blattstruktur aufgeschlossen wird.
3 Den Staudensellerie waschen, eventuell

Fäden abziehen, in feine Streifen schneiden. Die Lauchzwiebeln putzen, waschen und klein schneiden.

4 Die Äpfel nach Belieben schälen, vierteln, vom Kerngehäuse befreien, in feine Streifen schneiden und sofort untermischen.

5 Zitronensaft und Essig mit Joghurt, Öl und Pfeffer verrühren. Die Sauce über den Salat geben und vermischen. Den Salat etwas ziehen lassen.

6 Die Erdnüsse und den Sesamsamen unter den Salat mischen und noch einmal abschmecken.

Lauwarmer Krautsalat mit Oliven

Zutaten für 4 Portionen
500 g Weißkohl • 100 g Porree oder Lauchzwiebeln
5 EL Olivenöl • 2 EL entkernte Taggiasca-Oliven • Salz, frisch
gemahlener Pfeffer • 1 Bund Schnittlauch • 2 TL Obstessig

1 Den Weißkohl putzen, waschen und sehr fein hobeln. Den Porree oder die Lauchzwiebeln waschen und in feine Streifen schneiden.

2 In einer großen Pfanne die Hälfte des Olivenöls erhitzen und die Kohlstreifen ca. 5 Minuten unter Rühren anbraten. Dann die Porree- oder Zwiebelstreifen dazugeben und 1 bis 2 Minuten mitdünsten.

3 Das Gemüse in eine Schüssel geben. Die Oliven halbieren und dazugeben. Mit Salz und Pfeffer würzen. Schnittlauch waschen, trocknen, in Röllchen schneiden und untermischen.

4 Den Essig mit dem restlichen Öl, Salz und Pfeffer verrühren und dazugeben. Dieser Krautsalat schmeckt am besten lauwarm oder gerade abgekühlt.

Taggiasca-Oliven kommen aus Ligurien, haben eine rötlichbraune Farbe und sind besonders aromatisch. Man findet sie in gut sortierten Feinkost- oder italienischen Spezialitätengeschäften.

Spitzkohl mit Morcheln und Fischfilet

Zutaten für 4 Portionen

10 g getrocknete Spitzmorcheln • 500 g Spitzkohl • 1 Zwiebel 800 g Fischfilet, z. B. Seeteufel • 1 Zitrone • Salz, frisch gemahlener Pfeffer • 2 EL Butter • 200 g Sahne • 1 TL gekörnte Gemüsebrühe • 1 EL Mehl • 1 EL Öl

Sie können die Morcheln auch durch frische Austernpilze oder Egerlinge ersetzen. Diese in Streifen schneiden und vor der Zugabe des Kohls anbraten.

1 Die getrockneten Morcheln mit 1/4 Liter kochendem Wasser übergießen und 15 Minuten quellen lassen.

2 Inzwischen den Spitzkohl putzen, waschen und in 1 Zentimeter breite Streifen schneiden. Die Zwiebel abziehen und klein hacken.

3 Die Fischfilets waschen und trockentupfen. Mit Zitronensaft beträufeln und salzen.

4 Die Morcheln durch ein Filterpapier abgießen und das Einweichwasser dabei auffangen. Die Morcheln abermals abspülen, um eventuell noch vorhandene Sandreste zu entfernen. Große Exemplare der Länge nach halbieren.

5 Die Butter in einer Pfanne heiß werden lassen und die Zwiebelwürfel darin glasig dünsten. Die Morcheln und die Spitzkohlstreifen dazugeben und kurz mitdünsten.

6 Das Morcheleinweichwasser dazugießen. Die Sahne einrühren und das Gemüse bei mittlerer Hitze etwa 10 Minuten dünsten. Mit Salz, Pfeffer und Gemüsebrühe würzen, abschmecken.

7 Für den Fisch in einer Pfanne das Öl erhitzen. Die vorbereiteten Fischstücke kurz in Mehl wenden und auf beiden Seiten 2 bis 3 Minuten braten. Den Fisch mit dem Gemüse garniert servieren.

Sauerkraut mit Äpfeln

Zutaten für 4 Portionen
2 Zwiebeln • 2 EL Schmalz • 500 g Sauerkraut (frisch oder aus der Dose) • 250 ml Weißwein, Most oder Apfelsaft
1 TL Wacholderbeeren • 1 Prise gemahlener Kümmel
1 Kartoffel • 2 Äpfel

1 Die Zwiebeln abziehen, in Ringe schneiden und im heißen Schmalz goldgelb andünsten. Das Sauerkraut, etwa 1/2 Liter Wasser und Wein, Most oder Apfelsaft dazugeben. Die Wacholderbeeren zerdrücken, damit sie ihr Aroma besser abgeben, mit dem Kümmel einstreuen.

2 Kartoffel schälen, fein reiben und unterrühren. Das Kraut zugedeckt etwa 20 Minuten bei mittlerer Hitze kochen.
3 Inzwischen die Äpfel schälen, vierteln, vom Kerngehäuse befreien und in grobe Stücke schneiden. Unter das Kraut mischen und weitere 5 Minuten garen.

Ganz besonders raffiniert und festlich wird das Sauerkraut, wenn Sie einige Ananasstücke unterrühren und 1 bis 2 Gläser Sekt oder Champagner angießen.

Edelpilz und Billiggemüse: Morcheln und Spitzkohl haben nicht nur Ähnlichkeit in der Form, sie harmonieren auch in der Pfanne bestens.

Exotischer Rotkohlsalat

Zutaten für 4–6 Portionen
1 kleiner Kopf Rotkohl (ca. 600 g) • Salz, frisch gemahlener Pfeffer • 1 TL brauner Zucker • 1 Orange oder rosa Grapefruit 1 EL Zitronensaft • 1 EL Rotweinessig • 2 EL Haselnuss- oder Olivenöl • 50 g Kresse

Dieser raffinierte Salat, der gut auf ein kaltes Büffet passt, schmeckt auch köstlich mit frischer Ananas.

1 Rotkohl putzen und in feine Streifen hobeln. In eine Schüssel geben und mit Salz und Zucker vermischen, leicht stampfen.
2 Die Orange schälen und würfeln. Mit Zitronensaft und Essig in den Salat einrühren und etwa 1 Stunde ziehen lassen.
3 Das Öl untermischen und den Salat mit Salz, Pfeffer und Zitronensaft abschmecken. Die Kresse abspülen, abtropfen lassen und darüber streuen.

Süßsaurer Rotkohlsalat

Zutaten für 4 Portionen
8 entsteinte Trockenpflaumen • 1/8 l trockener Rotwein 1 kleiner Kopf Rotkohl (etwa 500 g) • 1 TL Salz • 1 Stück frischer Meerrettich (etwa 10 cm) • 2 EL Rotwein- oder Himbeeressig • 1 TL Senf • 1 TL Zucker • 6 EL Öl

1 Trockenpflaumen etwa 3 Stunden im Rotwein einweichen.
2 Den Rotkohl putzen und in feine Streifen hobeln. Mit dem Salz vermischen und eine Weile zugedeckt ziehen lassen.
3 Meerrettich schälen, waschen und fein reiben.
4 Essig mit Senf, Zucker und Öl verrühren. Rotkohl, Pflaumen mit Wein und Meerrettich zugeben, zugedeckt etwa 1 Stunde ziehen lassen.

Rotkraut mit Maronen

Zutaten für 4–6 Portionen
1 Kopf Rotkohl (etwa 800 g) • 2 Zwiebeln • 1–2 cm Ingwer-
wurzel • 4 EL Schmalz oder Öl • 2 EL Rotweinessig
1 EL Balsamicoessig • Salz, frisch gemahlener Pfeffer
1 Prise Zucker • 4 Gewürznelken • 4 Wacholderbeeren
4 Pimentkörner • 1 Prise frisch geriebene Muskatnuss
1 Prise Zimtpulver • 2 EL Johannisbeergelee (ersatzweise
andere Geleearten) • 250 g frische Maronen • 2 Äpfel

1 Den Rotkohl putzen und in feine Streifen schneiden oder hobeln. Die Zwiebeln abziehen und in Streifen schneiden. Den Ingwer schälen und fein hacken.

2 Das Schmalz oder Öl erhitzen und Zwiebeln und Ingwer kurz andünsten. Den Rotkohl dazugeben und einige Minuten unter Rühren dünsten.

3 Mit Essig und etwa 1/2 Liter Wasser ablöschen. Mit Salz, Pfeffer, Zucker, Gewürznelken, Wacholder, Piment, Muskatnuss und Zimt würzen. Das Gelee einrühren und den Rotkohl zugedeckt etwa 40 Minuten schmoren lassen.

4 Inzwischen die Maronen waschen, kreuzweise einschneiden und in kochendem Wasser etwa 20 Minuten garen, bis sie innen weich sind.

5 Die Maronen abgießen und kalt abschrecken. Die äußere Schale und das innere gelbe Häutchen mit einem spitzen Messer entfernen. Die Äpfel waschen, schälen, entkernen und in Spalten schneiden.

6 Die Apfelstücke und die Maronen zum Gemüse geben und noch einige Minuten ziehen lassen. Das Rotkohlgemüse mit Salz, Zucker und eventuell etwas Balsamicoessig abschmecken.

Mindestens 10 Gewürze sollten beim Kochen von Rotkraut verwendet werden, damit dieses beliebte Wintergemüse so richtig gut schmeckt. Wichtig ist auch die Zugabe von etwas Zucker oder Marmelade.

Kohlrouladen mit Wirsing

Zutaten für 4 Portionen

*1 kg Wirsing • 1 Zwiebel • Salz, frisch gemahlener Pfeffer
50 g Butter oder Öl • 1 Messerspitze Safran • 1 TL gekörnte
Gemüsebrühe • 50 g Walnusskerne • 1 Bund Petersilie
1 EL Gomasio (Sesamsalz) • 50 g geriebener Parmesan oder
Pecorino • 4 Eier • 50 g Sahne*

Servieren Sie als Beilage zu diesem Gericht ein cremiges Kartoffel- oder Möhrenpüree.

1 Den Wirsing putzen, 4 große oder 8 mittelgroße Wirsingblätter vorsichtig abtrennen. Den restlichen Wirsing halbieren, den Strunk keilförmig ausschneiden und den Wirsing in feine Streifen schneiden. Die Zwiebel abziehen und würfeln.

2 Etwa 2 Liter Wasser zum Kochen bringen, 1 Teelöffel Salz zugeben und die Wirsingblätter darin 2 bis 3 Minuten blanchieren. Die Blätter herausnehmen, abtropfen lassen und auf der Arbeitsfläche ausbreiten.

3 Für die Füllung die Butter erhitzen und die Zwiebel darin goldbraun braten. Die Wirsingstreifen dazugeben und unter Zugabe von 1 Tasse Gemüsewasser kurz andünsten, bis sie etwas zusammengefallen sind.

4 Das Gemüse mit Safran, Salz, Pfeffer und der Gemüsebrühe würzen. Die Walnüsse grob hacken. Die Petersilie waschen, trocknen und fein hacken. Nüsse, Petersilie, Sesamsalz und Käse einrühren. Salzen und pfeffern, dann die Eier unterrühren.

5 Die Füllung auf die Wirsingblätter setzen, einrollen und mit Küchenzwirn oder Rouladennadeln verschließen.

6 Das Öl erhitzen. Die Rouladen darin anbraten, 1 Tasse Gemüsewasser dazugießen und zugedeckt 20 bis 30 Minuten schmoren.

7 Die Sauce mit der Sahne verfeinern und mit Salz und Pfeffer ab- schmecken. Die Kohl- rouladen mit der Sauce anrichten.

TIPP Dieses Rezept ist die raffinierte vegetarische Va- riante eines der beliebtesten deutschen Kohlrezepte. Wenn Sie es gerne gehaltvoller mögen, ergänzen Sie die Füllung mit gemischtem Hackfleisch und Ei.

Risotto mit Wirsing

Zutaten für 4 Portionen
300 g Wirsing · 2 Zwiebeln · 1 cm Ingwerwurzel
2 EL Olivenöl · 400 g Risotto-Rundkornreis · 600 ml warme
Gemüsebrühe · 250 ml Weißwein · Salz, frisch gemahlener
Pfeffer · 50 g Parmesan oder Pecorino

1 Den Wirsing putzen, waschen und in feine Streifen schneiden. Die Zwiebeln abziehen, den Ingwer schälen. Beides sehr fein würfeln.
2 Das Öl erhitzen, Zwie- beln und Ingwer einige Minuten darin andünsten. Den Reis dazugeben, kurz mitbraten, dann die Wirsingstreifen, die Gemüsebrühe und den Wein dazugeben, um- rühren und zugedeckt bei schwacher bis mittlerer Hitze 15 Minuten quellen lassen. Dabei ab und zu umrühren. Mit Salz und Pfeffer würzen.
3 Den Reis auf Biss- festigkeit testen. Sollte die Konsistenz zu fest sein, noch etwas Wasser einrühren und kurz nach- quellen lassen.
4 Den Risotto von der Kochstelle nehmen. Parmesan oder Pecorino grob reiben und unter- mischen. Den Risotto sofort heiß servieren.

Anstelle von Wirsing kön- nen Sie auch Brokkoli ver- wenden. Ge- ben Sie die gewürfelten Strunkstücke nach 10 Minu- ten und die Röschen erst nach 15 Minu- ten hinzu, da- mit sie nicht zu weich werden.

Safranwirsing

Braten Sie zur Abwechslung gewürfelten Räucherspeck an, und mischen Sie ihn unter den Wirsing. Sie können auch einige Esslöffel Sahne einrühren.

Zutaten für 4 Portionen

1 kg Wirsing • 2 Zwiebeln • 2 EL Butter • 1 Messerspitze Safran • Salz, frisch gemahlener Pfeffer • 2 TL gekörnte Gemüsebrühe • 4 Stängel glatte Petersilie

1 Den Wirsing putzen, halbieren, dabei den Strunk keilförmig ausschneiden. Den Wirsing in feine Streifen schneiden. Die Zwiebeln abziehen und würfeln.

2 Die Butter erhitzen und die Zwiebeln darin goldbraun braten. Den Wirsing dazugeben, kurz mitdünsten und 1/4 Liter Wasser angießen. Den Safran einrühren und das Gemüse zugedeckt noch 15 bis 20 Minuten dünsten.

3 Mit Salz, Pfeffer und Gemüsebrühe würzen. Die Petersilie waschen und trockenschütteln. Die Blätter in feine Streifen schneiden und untermischen.

Am besten schmeckt der Safranwirsing natürlich mit echten – leider sehr teuren – Safranfäden. Die gemahlene Ware ist geschmacklich nur zweite Wahl.

Gratinierter Wirsing mit Salbei und Pilzen

Zutaten für 4–6 Portionen
1 mittelgroßer Kopf Wirsing (ca. 700 g) • 10 Salbeiblätter 50 g Butter • Salz, frisch gemahlener Pfeffer • 200 g Austernpilze • 1 Knoblauchzehe • 2 EL Öl • 1 Bund glatte Petersilie • 50 g Bergkäse

1 Den Wirsing putzen und waschen. Abstehende Blätter entfernen und anderweitig, beispielsweise für eine Gemüsebrühe, verwenden.

2 Den Wirsingkopf achteln, ohne dabei den Strunk auszuschneiden, damit die Stücke zusammenhalten. Die Salbeiblätter waschen, trocknen und in Streifen schneiden.

3 Die Butter in einer großen Pfanne heiß werden lassen. Den Salbei darin anbraten. Die Wirsingstücke hineinlegen, 1/2 Tasse Wasser angießen, salzen und bei mittlerer Hitze zugedeckt etwa 5 Minuten dünsten.

4 Inzwischen die Pilze putzen und in Streifen schneiden. Die Knoblauchzehe abziehen und sehr fein hacken oder durch eine Presse drücken. In einer zweiten Pfanne das Öl erhitzen und die Pilze mit dem Knoblauch unter Rühren kräftig anbraten.

5 Wirsingstücke wenden und weitere 5 Minuten dünsten. Eventuell noch etwas Wasser dazugeben. Die Petersilie waschen, trockenschütteln, in feine Streifen schneiden und mit den Pilzen vermischen. Mit Salz und Pfeffer würzen.

6 Die Pilze zwischen den Wirsingstücken verteilen. Den Käse reiben und darüber streuen. Das Gemüse bei aufgelegtem Deckel gratinieren, bis der Käse geschmolzen ist.

Sie können die Zutaten auch in eine Auflaufform schichten und im Backofen überbacken. Als Beilage passen Risotto mit Safran oder feine Butternudeln.

Brokkoli-Fisch-Terrine mit Tomatensahne

Zutaten für 4–6 Portionen
150 g Fischfilet, z. B. Kabeljau, Lachsforelle oder Goldbarsch
Salz, Pfeffer · 1 EL Zitronensaft · 500 g Brokkoli · 4 Stängel
Petersilie · 1 Knoblauchzehe · 3 Eier · 100 g Crème fraîche
1 Prise Muskatnuss · 1 Prise Curry
Sauce: 100 g Sahne · 2 Fleischtomaten · 2 Knoblauchzehen
Salz, frisch gemahlener Pfeffer

Diese leichte Fischterrine können Sie sowohl heiß als auch kalt servieren.

1 Die Fettpfanne des Backofens auf die mittlere Stufe schieben, mit Wasser füllen und den Backofen auf 220 °C (Umluft 200 °C, Gas Stufe 4) vorheizen.

2 Den Fisch waschen, trockentupfen und salzen. Die Fischfilets in Streifen schneiden und mit dem Zitronensaft beträufeln. Den Brokkoli waschen, putzen, in kleine Röschen zerteilen und in wenig Salzwasser etwa 5 Minuten kochen.

3 Inzwischen die Petersilie waschen, trockenschütteln und die Blätter abzupfen. Die Knoblauchzehe abziehen und grob zerkleinern. Den Brokkoli abgießen (das Kochwasser dabei auffangen und für die Sauce verwenden) und etwas auskühlen lassen. Brokkoli, Petersilie und Knoblauch mit einem Stabmixer pürieren und mit Eiern, Crème fraîche, Salz, Pfeffer, Muskatnuss und Curry vermischen.

4 Eine Kastenform mit Backpapier auslegen. Die Hälfte des Gemüsepürees in die Form füllen. Die in Streifen geschnittenen Fischfilets hineinlegen und das restliche Püree darüber verteilen. Die Form in die mit heißem Wasser gefüllte Fettpfanne stellen und 50 Minuten garen.

5 Für die Sauce die Tomaten kurz in kochendes Wasser legen, dann kalt abschrecken, abziehen und würfeln. Die Sahne erhitzen, die Knoblauchzehen hineinpressen, die Tomatenwürfel dazugeben und einige Minuten bei mittlerer Hitze kochen lassen. Mit Salz und Pfeffer würzen.

Brokkoli-Nuss-Püree mit Kalbssteak

Zutaten für 4 Portionen
50 g Haselnüsse · 500 g Brokkoli · 4 kleine Kalbssteaks
2 EL Öl · Salz, frisch gemahlener Pfeffer · 200 g Sahne
1 TL gekörnte Gemüsebrühe · frisch geriebene Muskatnuss

1 Nüsse im Ofen bei 200 °C (Umluft 180 °C, Gas Stufe 3–4) etwa 15 Minuten rösten. Dann die Haut abreiben.
2 Den Brokkoli putzen, waschen, grob zerteilen und in reichlich Salzwasser bissfest garen.
3 Das Fleisch waschen und trockentupfen. In einer Pfanne das Öl erhitzen und die Steaks darin von jeder Seite etwa 5 Minuten anbraten. Salzen, pfeffern und im Backofen warm halten.
4 2/3 der geschälten Nüsse im Blitzhacker zerkleinern. Den Brokkoli dazugeben (einige Röschen für die Garnitur aufheben), ebenfalls pürieren.
5 Die Sahne erhitzen, die Gemüsepaste dazugeben und einmal aufkochen lassen. Das Püree von der Kochstelle nehmen. Falls nötig, mit etwas Wasser verdünnen. Mit Gemüsebrühe, Salz, Pfeffer und Muskat würzen.
6 Die restlichen Nüsse grob hacken. Steaks und Brokkoliröschen auf Tellern anrichten, das Püree dazugeben und mit Nüssen bestreuen.

Das Brokkoli-Nuss-Püree schmeckt auch hervorragend zu bissfest gegarten Nudeln.

Blumenkohl-Brokkoli-Gratin

Zutaten für 4–6 Portionen
500 g Kartoffeln • 500 g Blumenkohl • 500 g Brokkoli
2 TL gekörnte Gemüsebrühe • 100 g gekochter Schinken
200 g Crème fraîche • 2 Eier • 50 g Emmentaler • Salz, frisch
gemahlener Pfeffer • 1 Prise frisch geriebene Muskatnuss
1 Bund Petersilie • Butter für die Form

Wer es gehaltvoller mag, kann den gekochten Schinken auch durch die doppelte oder dreifache Menge Hackfleisch ersetzen.

1 Die Kartoffeln waschen und mit der Schale in wenig Wasser kochen. Abgießen, kalt abschrecken und etwas abkühlen lassen. Pellen und in Scheiben schneiden.

2 2 Liter Wasser zum Kochen bringen. Blumenkohl und Brokkoli putzen, waschen und in Röschen zerteilen. Die Strunkteile schälen und würfeln. Das Wasser salzen, zuerst den Blumenkohl hineingeben und etwa 15 Minuten kochen lassen. Dann den Brokkoli dazugeben und weitere 10 Minuten garen.

3 Den Backofen auf 220 °C (Umluft 200 °C, Gas Stufe 4–5) vorheizen. 1/4 Liter Wasser zum Kochen bringen und die gekörnte Gemüsebrühe einrühren. Von der Kochstelle nehmen.

4 Den Schinken in Streifen schneiden. Die Crème fraîche mit den Eiern verrühren. Den Käse reiben und einrühren. Die etwas abgekühlte Gemüsebrühe dazugeben und mit Salz, Pfeffer und Muskat würzen. Die Petersilie waschen, trocknen, fein hacken und einrühren.

5 Die Kartoffelscheiben in eine gefettete Auflaufform legen. Den Schinken darauf verteilen. Zum Schluss die Blumenkohl- und Brokkoliröschen abwechselnd darauf setzen.

6 Die Eiermilch über das Gemüse gießen und das Gratin im Backofen 20 bis 25 Minuten überbacken.

Blumenkohlcremesuppe mit Lachs

Zutaten für 4 Portionen

500 g Blumenkohl • 1 Kartoffel • 1 l Wasser • 2 TL gekörnte Gemüsebrühe • Salz, Pfeffer • 1 Prise Muskatnuss 1 Prise Curry • 100 g Sahne • 1 Bund Schnittlauch 100 g Räucherlachs

1 Den Blumenkohl waschen, putzen und in Röschen teilen. Die Kartoffel schälen und grob raspeln. Alles in einen Kopftopf geben und das Wasser angießen. Die Suppe etwa 15 Minuten bei mittlerer Hitze kochen lassen.

2 Die Suppe mit dem Stabmixer pürieren. Mit Gemüsebrühe, Salz, Pfeffer, Muskatnuss und Curry würzen. Die Sahne einrühren, alles nochmals abschmecken. Den Schnittlauch waschen, trocknen und in Röllchen schneiden.

3 Den Lachs in Streifen schneiden. Die Suppe auf Teller verteilen. Den Lachs in die Suppe geben und den Schnittlauch darüber streuen.

Nach diesem Rezept können Sie auch eine raffinierte, leichte Sauce zu Nudeln oder Reisgerichten zubereiten, indem Sie nur die halbe Flüssigkeitsmenge verwenden.

Gemüseklassiker grün-weiß: das Blumenkohl-Brokkoli-Gratin.

Lasagne mit Grünkohl und Steinpilzen

Zutaten für 4 Portionen

20 g getrocknete Steinpilze · 400 g Grünkohl · 1 große Zwiebel · 2 EL Olivenöl · 1 EL Mehl · 300 g passierte Tomaten · 200 g Sahne · Salz, frisch gemahlener Pfeffer Thymian · 100 g Emmentaler oder Pecorino · 8 Lasagneteigplatten · 1 Bund Petersilie

Sie können auch ganze Kohlblätter in die Lasagne einlegen, wenn Sie sie zuvor 5 Minuten in kochendem Salzwasser blanchiert haben.

1 Die getrockneten Steinpilze mit 1/2 Liter kochendem Wasser übergießen und 1 Stunde quellen lassen.

2 Die eingeweichten Pilze in ein Sieb abgießen, dabei das Einweichwasser auffangen. Die Pilze klein schneiden, unschöne Stellen entfernen. Das Einweichwasser durch einen Papierfilter gießen, um Sandreste zu entfernen.

3 Den Grünkohl putzen, waschen und in dünne Streifen schneiden. Die Zwiebel abziehen und fein würfeln.

4 Die Zwiebel im heißen Öl anbraten, Pilze dazugeben, das Mehl darüber sieben und kurz anschwitzen. Mit dem Einweichwasser angießen. Die Kohlstreifen hinzugeben. Die Sauce mit dem Gemüse etwa 15 Minuten leicht einkochen lassen.

5 Den Backofen auf 220 °C (Umluft 200 °C, Gas Stufe 4–5) vorheizen und eine flache Auflaufform darin anwärmen.

6 Die passierten Tomaten und die Sahne in die Sauce einrühren – sie sollte relativ flüssig sein. Mit Salz, Pfeffer und Thymian würzen. Den Käse reiben.

7 Die Auflaufform aus dem Ofen nehmen und abwechselnd Nudelplatten, Gemüsesauce und Käse einschichten. Mit Sauce und Käse abschließen. Die Oberfläche mit einem Löffel etwas eindrücken, damit die Nudeln ganz mit Flüssigkeit bedeckt sind.

8 Die Lasagne in den heißen Backofen stellen und auf mittlerer Schiene etwa 30 bis 35 Minuten backen, bis die Nudeln weich sind. Zur Überprüfung gegen Ende der Garzeit mit einer Gabel einstechen.

Rosenkohlgratin mit Pastinaken

Zutaten für 4 Portionen
500 g Rosenkohl · 400 g Pastinaken · 1 Zwiebel
2 EL Butter · Salz · 100 g Crème fraîche · 125 ml Milch
frisch gemahlener Pfeffer · frisch geriebene Muskatnuss
50 g Parmesankäse

1 Den Rosenkohl putzen und waschen, größere Röschen halbieren. Die Pastinaken waschen, schälen und in etwa 1 bis 2 Zentimeter große Stücke schneiden. Die Zwiebel abziehen und fein würfeln.

2 Die Butter erhitzen und die Zwiebel darin andünsten. Rosenkohl und Pastinaken dazugeben, salzen und bei mittlerer Hitze zugedeckt 10 bis 15 Minuten nicht ganz weich dünsten.

3 Den Backofen auf 220 °C (Umluft 200 °C, Gas Stufe 4–5) vorheizen und eine flache Auflaufform darin anwärmen.

4 Die Crème fraîche mit der Milch verrühren und mit Pfeffer und Muskatnuss würzen. Den Käse reiben und einrühren.

5 Das vorgegarte Gemüse in die Form einfüllen und die Käsesauce darüber gießen. Das Gratin im Backofen auf mittlerer Schiene etwa 10 Minuten überbacken.

Wenn es einmal ganz schnell gehen soll, können Sie das Gemüse auch bei geschlossenem Deckel in der Pfanne überbacken.

Rosenkohlsoufflé

Zutaten für 4 Portionen
300 g Rosenkohl · 1 TL Zitronensaft · 2 EL Butter · 2 EL Mehl
250 ml Milch · 1 TL gekörnte Gemüsebrühe · Salz, frisch
gemahlener Pfeffer · frisch geriebene Muskatnuss · 3 Eier
50 g Emmentaler

Dieses luftige Gemüsesoufflé schmeckt auch sehr gut mit anderen Kohlsorten wie z. B. Grünkohl, Brokkoli oder Wirsing.

1 Den Rosenkohl putzen, waschen und mit 1 Tasse Wasser und dem Zitronensaft etwa 5 bis 7 Minuten vorgaren. Das Wasser einkochen und das Gemüse etwas abkühlen lassen.

2 Die Butter in einer Pfanne erhitzen, das Mehl darin anschwitzen. Die Milch angießen und die Sauce bei mittlerer Hitze kurz aufkochen. Mit Gemüsebrühe, Salz, Pfeffer und Muskatnuss würzen. Die Sauce unter gelegentlichem Rühren einkochen lassen, bis sie dickflüssig ist.

3 Den Backofen auf 220 °C (Umluft 200 °C, Gas Stufe 4–5) vorheizen und eine hohe Auflaufform etwa 5 Minuten darin anwärmen.

4 Die Eier trennen. Das Eiweiß mit 1 Prise Salz steif schlagen. Den vorgegarten Rosenkohl fein hacken. Den Käse reiben. Die Form aus dem Backofen nehmen und ein Stück Butter auf dem Boden zerlaufen lassen.

5 Eigelbe, Käse und Rosenkohl in die Sauce einrühren. Den Eischnee mit einem Schneebesen vorsichtig unterheben. Die Masse in die Form füllen und im Backofen auf mittlerer Schiene etwa 25 Minuten backen. Dabei die Backofentür in den ersten 15 Minuten nicht öffnen, damit das Soufflé nicht in sich zusammenfällt.

6 Aus der Soufflémasse kleine Nocken abstechen und sofort servieren.

Kohlrabi mit Zitronensahne

Zutaten für 4 Portionen
2–3 Kohlrabiknollen • 20 g Butter • 100 ml Sahne
1 unbehandelte Zitrone • Salz, Pfeffer • 2 TL gekörnte
Gemüsebrühe • 4 EL Zitronenmelisseblätter

1 Die Kohlrabi putzen, schälen und in feine Scheiben hobeln.
2 Die Butter aufschäumen lassen. Die Kohlrabischeiben darin andünsten. Die Sahne angießen und das Gemüse bei schwacher Hitze bissfest garen.

3 Die Zitronenschale dünn abschälen, fein schneiden und einrühren. Mit Salz, Pfeffer und Gemüsebrühe würzen.
4 Die Zitronenmelisse waschen, trocknen und fein hacken. Über das Gemüse streuen.

Servieren Sie dieses Gericht als raffinierte Beilage zu Räucherschinken und neuen Kartoffeln.

Kohlrabischnitzel

Zutaten für 4 Portionen
2 Kohlrabiknollen • 1 Ei • 50 g Parmesan • 2–3 EL Semmelbrösel • Butterschmalz zum Braten

1 Die Kohlrabi putzen, schälen und in 5 Millimeter dicke Scheiben schneiden. In einer Pfanne 1/4 Liter Salzwasser zum Kochen bringen, die Gemüsescheiben dachziegelartig einschichten und etwa 10 Minuten zugedeckt vorgaren.

2 Das Ei in einem Teller verquirlen. Den Käse reiben und mit den Semmelbröseln vermischen. Die Scheiben nacheinander in das Ei und die Brösel-Käse-Mischung tauchen. In einer Pfanne mit dem Butterschmalz goldbraun braten.

Zwiebeln und Knoblauch

Zwiebelgemüse sind schon seit den Anfängen menschlicher Kultur Grundbestandteil der Ernährung und auch der Heilkunde gewesen. Man schätzte sie als verlässliche Helfer bei vielen Beschwerden von der Erkältung bis zum Bluthochdruck. Alle Mitglieder dieser Gemüsefamilie haben ähnliche Inhaltsstoffe und Wirkungen. Sie unterscheiden sich nur durch ihr Aussehen und die unterschiedliche Schärfe. Zu verdanken ist sie einem schwefelhaltigen ätherischen Öl, dem Allizin.

Wundermittel der Volksmedizin

Die gelbe **Haushaltszwiebel** ist von mittlerer Schärfe. Sie ist die Hauptzutat in vielen Gerichten wie Zwiebelkuchen, Zwiebelsuppe und Zwiebelpüree. Die rotschaligen Varianten sind wesentlich milder und werden gerne für Salate oder zum Rohverzehr verwendet. Die großen **Gemüsezwiebeln** sind sehr mild und saftig, sie eignen sich gut für Schmortöpfe oder zum Füllen. **Schalotten** zählen zu den delikatesten Zwiebelgewächsen. Man verwendet sie gerne für feine Saucen, die ein dezentes Zwiebelaroma haben sollen.

Lauch- oder **Frühlingszwiebeln** sind das ganze Jahr über erhältlich. Diese weißen Zwiebeln mit dem zarten Aroma sind ideal für die schnelle Küche, denn sie sind in wenigen Minuten gar. Sie lassen sich nahezu universell für Salate, Marinaden, Gemüsemischungen oder Suppen verwenden.

Zwiebeln und Knoblauch sind seit Jahrtausenden bewährte Volksheilmittel gegen zahlreiche Befindlichkeitsstörungen, Beschwerden und Krankheiten.

Ballaststoffreiches Vollwertgemüse

Der **Porree,** auch Lauch genannt, ist der deutsche Klassiker unter den Zwiebelgewächsen: Er ist preiswert, das ganze Jahr über erhältlich und gut zu lagern. Porree hat ein feines, angenehmes Aroma und ist milder und süßer als die Zwiebel. Der weiße Schaft ist der zartere Teil des Gemüses und wird am meisten geschätzt. Er wird fein geschnitten in Salate gegeben oder gegart mit einer Vinaigrette oder einer hellen Sauce als Gemüsebeilage serviert. Die grünen Blattenden schneidet man in der Regel am Schaftende ab und nimmt sie gerne zum Verfeinern von Brühen, Suppen und Eintopfgerichten. Lauch eignet sich gut als Beilage zu Kalbfleisch, Schinken und Käse und harmoniert hervorragend mit Zitrone, Basilikum, Salbei, Thymian und Senf.

Frischer Knoblauch ist meist etwas milder und noch schön saftig. Zehen, die schon einige Wochen lagern, schmecken zunehmend schärfer.

Knolle mit einzigartigem Aroma

Knoblauch kennt und schätzt man seit über 5000 Jahren auf der ganzen Welt. Bei uns wurde er im Mittelalter vorwiegend als Wundermittel gegen viele Krankheiten, u. a. auch vorbeugend gegen die Pest, verwendet. Danach geriet er in Vergessenheit. Erst in den letzten 20 Jahren hat er sich im Zug wachsender Beliebtheit der Mittelmeerküche wieder etabliert.

Knoblauch dient vor allem zur Verfeinerung von Salaten, Suppen, Gemüse, Eintopfgerichten, Fleisch, Saucen und Marinaden. Fleischgerichte wie Lammkeule werden aromatisiert, indem man das Fleisch mit dem Messer etwas einritzt und einige abgezogene Knoblauchzehen in die Schlitze steckt. Man kann Gerichten einen Hauch von Knoblauch verleihen, indem man die Salatschüssel oder Auflaufform mit einer abgezogenen und halbierten Knoblauchzehe ausreibt.

Wild wachsender Verwandter

Bärlauch wächst in Europa und Nordasien wild in schattigen Wäldern. Er ist ein Verwandter des Knoblauchs, hat aber ein milderes Aroma und ist besser verträglich. Der Bärlauch wird leicht mit Maiglöckchen verwechselt. Daher dürfen Sie ihn nur während der Blütezeit pflücken. Er lässt sich jedoch leicht aus Samen oder Steckzwiebeln ziehen und an einem schattigen Ort kultivieren. Bärlauch verfeinert Frischkäsemischungen, Salate, Suppen, Saucen, Nudel-, Fleisch-, Fisch- und Geflügelgerichte.

Ganz ähnlich wie der wilde Bärlauch schmeckt der **Schnittknoblauch**. Er lässt sich unkompliziert im Blumentopf oder Garten kultivieren und ist mehrjährig. Die Pflanze wächst in Büscheln wie der Schnittlauch, die Blätter ähneln dem Knoblauch, und die weißen, dekorativen Blüten erinnern an den Bärlauch. Schnittknoblauch lässt sich wie Bärlauch verwenden.

Bärlauch wird vorwiegend als Heilpflanze verwendet. Kenner schätzen allerdings die frischen Blätter als Würze für knackige Frühlingssalate oder als Paste zubereitet zu Nudel- und Reisgerichten.

Einkauf und Lagerung

Zwiebeln und Knoblauchknollen sollten beim Einkauf fest, glatt und trocken sein und keine Triebe oder Schimmel aufweisen. Die Blätter von Porreestangen, Lauchzwiebeln und Bärlauch sollten ein kräftiges Grün haben und keine Verfärbungen oder Anzeichen von Austrocknung zeigen.

Frühlingszwiebeln und Bärlauch halten sich im Gemüsefach des Kühlschranks einige Tage, Porree etwa zwei Wochen frisch. Zwiebeln und Knoblauch vertragen keine Feuchtigkeit, sie sollten an einem kühlen, trockenen und gut durchlüfteten Platz aufbewahrt werden. Im Kühlschrank sollte man sie nicht lagern, da sich ihr Geruch schnell auf andere Lebensmittel überträgt.

Zwiebel-Käse-Plätzchen

Zutaten für 4 Portionen
4 Eier • 4 EL Mehl • Salz • 1 Prise Currypulver • 600 g weiße Zwiebeln • 100 g Pecorino • 1 TL Thymian oder Majoran 1 Bund Petersilie • 4 EL Butterschmalz oder Öl

Zu diesem Gericht schmecken als Beilage Salat oder Gemüse und eine Gurken-Joghurt-Sauce (Rezept siehe Seite 70).

1 Die Eier verquirlen. Mehl, Salz und Currypulver einrühren und einige Minuten quellen lassen.
2 Die Zwiebeln abziehen, sehr fein hacken und sofort in den Teig geben, damit sie nicht bitter werden. Den Käse reiben und mit Thymian oder Majoran in den Teig rühren.
3 Die Petersilie waschen, trocknen und die Blätter fein hacken. Die Petersilie unterrühren.
4 Butterschmalz oder Öl erhitzen. Mit einem Löffel kleine Teigportionen in die Pfanne setzen und diese bei schwacher bis mittlerer Hitze auf beiden Seiten goldbraun braten. In den ersten 10 Minuten den Deckel auflegen, damit die Zwiebeln weich werden.

Zwiebelsuppe mit Croûtons

Zutaten für 4 Portionen
1 kg Zwiebeln • 50 g Butter • 2 EL Mehl • 4 Scheiben Baguette • 2 Knoblauchzehen • Salz, Pfeffer • 1 Prise frisch geriebene Muskatnuss • 3 TL gekörnte Gemüsebrühe 50 g Raclette oder Pecorino • 1 Bund glatte Petersilie

1 Die Zwiebeln abziehen und in feine Streifen schneiden. In einem Topf die Butter erhitzen und die Zwiebeln darin goldbraun andünsten. Das Mehl darüber sieben und einrühren. 1 Liter Wasser aufgießen und die Suppe etwa 15 Minuten leicht kochen lassen.

2 Die Baguettescheiben toasten und mit der abgezogenen Knoblauchzehe abreiben. Restliche Knoblauchzehe in die Suppe pressen. Mit Salz, Pfeffer, Muskatnuss und Gemüsebrühe würzen.

3 Die Zwiebelsuppe in feuerfeste Tassen geben. Die Brotscheiben ganz oder in Würfel geschnitten auf die Suppe geben, den geriebenen Käse darüber streuen und die Suppe im Grill 5 bis 10 Minuten überbacken, bis der Käse geschmolzen ist.

TIPP Sie können die Zwiebelsuppe noch verfeinern, indem Sie 3 Esslöffel Sherry und 2 bis 3 Esslöffel Dijonsenf zugeben. Bestreuen Sie die Suppe vor dem Servieren mit klein gehackter Petersilie oder in Röllchen geschnittenem Schnittlauch.

Zwiebel-Käse-Baguette

Zutaten für 4 Portionen
2 Baguettebrötchen • 1–2 Zwiebeln • 2 EL Butter
100 g würziger Bergkäse

1 Die Baguettebrötchen aufschneiden und unter dem Grill leicht rösten.

2 Die Zwiebeln abziehen und in sehr feine Ringe schneiden.

3 Die Brötchen aus dem Backofen nehmen, mit der Butter bestreichen und dünn mit den Zwiebeln belegen.

4 Den Käse in Scheiben schneiden und auf die Zwiebeln legen. Die Brötchen unter dem Grill 5 bis 10 Minuten überbacken, bis der Käse geschmolzen ist.

Der ideale Snack, wenn es einmal unerwartet schnell gehen soll: Die Zutaten hat man fast immer im Haus.

Zwiebelkuchen mit Pilzen

Zutaten für 12 Portionen
Hefeteig: 20 g frische Hefe (ersatzweise 1/2 Päckchen
Trockenhefe) • 1 gestrichener TL Salz • 250 g Mehl
Öl und Mehl für das Backblech
Belag: 600 g Zwiebeln • 50 g durchwachsener Speck
2 EL Öl • 200 g frische Champignons
Guss: 100 g Crème fraîche • 1 Ei • Salz, frisch gemahlener
Pfeffer • 1 TL gekörnte Gemüsebrühe • 1 Prise Muskatnuss
1/2 TL Kümmelsamen

Sie können den Zwiebelkuchen statt mit Hefeteig auch mit Mürbeteig zubereiten.

1 Für den Teig 125 Milliliter lauwarmes Wasser mit Hefe und Salz verrühren. Das Mehl zugeben und unterkneten, bis sich der Teig von der Schüssel löst. Zugedeckt 20 Minuten gehen lassen.
2 Für den Belag die Zwiebeln abziehen und auf einem Gemüsehobel in feine Ringe schneiden. Den Speck würfeln und in der Hälfte des Öls anbraten. Die Zwiebeln zugeben und glasig dünsten.
3 Die Pilze putzen und in Scheiben schneiden. Im restlichen Öl bei starker Hitze anbraten.
4 Ein Backblech fetten und mit Mehl bestäuben.

Den Teig kurz zusammenkneten, auf die Mitte des Blechs legen und zu einem Boden ausdrücken.
5 Den Backofen auf 200 °C (Umluft 180 °C, Gas Stufe 3–4) einstellen und das Blech mit dem Teig 4 bis 5 Minuten hineinstellen.
6 Für den Guss Crème fraîche, Ei, Salz, Pfeffer, Gemüsebrühe, Muskatnuss und Kümmel verrühren. Mit Zwiebeln und Pilzen vermischen.
7 Den Belag auf dem Teig verteilen und glatt streichen. Den Zwiebelkuchen im Backofen in 25 bis 30 Minuten goldbraun backen.

Fischfilet mit Lauchzwiebeln ist eine schnell zubereitete, leicht bekömmliche Mahlzeit. Wer's säuerlicher mag, nimmt statt Sahne Crème fraîche.

Fischfilet mit Lauchzwiebeln

Zutaten für 4 Portionen
800 g Kabeljau- oder Goldbarschfilet • 1 EL Zitronensaft
Salz, frisch gemahlener Pfeffer • 1 Bund Lauchzwiebeln
150 g Champignons • 2 EL Öl • 2 EL Butter • 100 g Sahne

1 Die Fischfilets waschen und mit Küchenkrepp trockentupfen, dann mit Zitronensaft beträufeln und salzen.
2 Die Lauchzwiebeln putzen, waschen und in 1 Zentimeter lange Stücke schneiden. Die Pilze putzen und blättrig schneiden.

3 Das Öl erhitzen. Den Fisch beidseitig etwa 5 Minuten braten, im Backofen warm halten.
4 Zwiebeln und Pilze in der Butter unter Rühren anbraten. Die Sahne zugeben, mit Salz und Pfeffer würzen. Den Fisch mit der Gemüse-sauce servieren.

Als Beilage zu diesem leichten Gericht eignen sich Salzkartof-feln oder Reis.

Porreepfanne mit Shrimps

Besonders raffiniert schmeckt dieses Gericht, wenn Sie kurz vor Ende der Garzeit 1 Prise Safran unterrühren.

Zutaten für 4–6 Portionen

*4 EL Olivenöl • 2 Tassen Reis • 2 TL gekörnte Gemüsebrühe
2 rote Paprikaschoten • 500 g Porree oder Lauchzwiebeln
2 Knoblauchzehen • 200 g Shrimps (frisch oder tiefgefroren)
2 TL Zitronensaft • Salz, frisch gemahlener Pfeffer*

1 Das Öl erhitzen, den Reis darin kurz andünsten, 2 Tassen Wasser und die Gemüsebrühe zugießen. Zugedeckt 5 bis 10 Minuten bei kleiner Hitze quellen lassen.

2 Inzwischen die Paprikaschoten waschen, putzen und fein würfeln. Den Porree putzen, waschen und in Ringe schneiden. Den Knoblauch abziehen und fein hacken. Shrimps abspülen (vorher den Darm entfernen) und mit dem Zitronensaft beträufeln.

3 Paprikaschoten, Lauch und Knoblauch einrühren und noch 5 Minuten dünsten. Eventuell noch etwas Wasser angießen.

4 Die Shrimps zugeben und das Ganze noch 1 bis 2 Minuten ziehen lassen. Die Reispfanne mit Salz und Pfeffer abschmecken.

Tiefgefrorene Shrimps sind eine gute Wahl für den kleinen Haushalt. Sie können in kleinen Mengen entnommen und zubereitet werden.

Porreetorte mit Tomaten

Zutaten für 12 Portionen
200 g Mehl · 100 g Crème fraîche · 100 g weiche Butter
Salz, frisch gemahlener Pfeffer · 1 Messerspitze Backpulver
1 kg Porree · 150 g Champignons · 1–2 EL Öl · 1 Prise Curry-
pulver 100 g Pecorino · 100 g Sahne · 2 Eier · 2 Tomaten

1 Den Backofen auf 220 °C (Umluft 200 °C, Gas Stufe 4–5) vorheizen.
2 Das Mehl mit Crème fraîche, Butter, Salz und Backpulver zu einem Teig verarbeiten. Mit dem Teig eine Springform von 28 Zentimeter Durchmesser auslegen, dabei einen 2 Zentimeter hohen Rand formen. Im Backofen auf mittlerer Schiene 10 Minuten vorbacken.
3 Die Porreestangen putzen, waschen und in Streifen schneiden. Die Pilze putzen und in Schei-ben schneiden. Das Öl er-hitzen und den Porree 4 bis 5 Minuten anbraten. Die Pilze zugeben und noch einige Minuten mit-dünsten. Mit Salz, Pfeffer und Currypulver würzen. Den Käse reiben.
4 Die Porree-Pilz-Mi-schung auf dem Teig ver-teilen. Die Sahne mit dem Käse und den Eiern ver-mischen, darüber gießen. Die Tomaten waschen, in Scheiben schneiden und auf dem Belag verteilen. Die Porreetorte weitere 20 bis 25 Minuten backen.

Wer es gern etwas deftiger mag, kann die Füllung mit gebratenen Speckwürfeln oder mit in Streifen ge-schnittenem gekochtem Schinken ergänzen.

TIPP Porree muss gründlich gewaschen werden, da sich meist viel Sand zwischen den Blättern festgesetzt hat. Schneiden Sie die Wurzelfasern und grünen Enden ab, und entfernen Sie die welken äußeren Blätter. Danach den Schaft kurz oberhalb der Wurzel mehrmals der Länge nach einschneiden, die einzelnen Blattlagen aus-einander ziehen und unter fließendes Wasser halten.

Porree-Mais-Gemüse mit Kräutercreme

Zutaten für 4 Portionen
1 kg Porree · 50 g Butter · 250 g Gemüsemais aus der Dose Salz · 1 Prise Currypulver · 1 Bund Schnittlauch, Zitronenmelisse oder Petersilie · 200 g Crème fraîche

Diese Gemüsemischung passt hervorragend zu Steak oder Fisch.

1 Porree putzen, waschen und in Streifen schneiden.
2 In der Butter etwa 5 Minuten dünsten. Den Mais zugeben, mit Salz und Currypulver würzen.

3 Für die Creme die Kräuter waschen, trockenschütteln und fein hacken. Die Crème fraîche mit den Kräutern verrühren und salzen.

Porree in Rotwein

Zutaten für 4 Portionen
800 g Porree (mit möglichst langem, geschlossenem Schaft) · 40 g Butter · Salz · 1 Knoblauchzehe · 2 TL Mehl 250 ml Rotwein · 1 Bund Petersilie

1 Den Porree putzen und waschen. Die Stangen in etwa 5 Zentimeter lange Stücke schneiden.
2 In der Butter 5 Minuten dünsten, salzen. Die Knoblauchzehe abziehen, würfeln, dazugeben. Das Mehl darüber sieben und leicht einrühren, weitere 5 Minuten dünsten.

3 Den Rotwein angießen und den Poree zugedeckt noch etwa 20 Minuten schmoren.
4 Den Deckel abnehmen und den Wein bis auf einen kleinen Rest einkochen lassen. Die Petersilie waschen, trocknen, fein hacken und über den Porree streuen.

Porreetoast mit Gorgonzola

Zutaten für 4 Portionen
300 g Porree • 2 EL Öl • Salz, frisch gemahlener Pfeffer
1 Prise Currypulver • 4 Scheiben Vollkorntoast
100 g milder Gorgonzola (Gorgonzola dolce)

Anstelle von Gorgonzola können Sie auch Taleggio oder Butterkäse verwenden.

1 Den Porree putzen, waschen und in feine Streifen schneiden. Das Öl erhitzen und den Porree etwa 5 Minuten darin andünsten. Kräftig mit Salz, Pfeffer und Currypulver würzen.

2 Die Brotscheiben toasten. Den Porree auf den Scheiben verteilen. Den Käse würfeln und darüber streuen.

3 Die Toastscheiben im Grill überbacken, bis der Käse geschmolzen ist.

TIPP Toasts sind preiswert und schnell zubereitet, wenn Sie überraschend Gäste bekommen. Sie eignen sich nicht nur als kleine Vorspeise, sondern auch als Snack zu einem Glas Bier oder Wein.

Porreetoast mit Gorgonzola ist eine raffinierte Alternative zu den klassischen Schinken-Käse-Toasts.

Kaninchen mit Schalotten und Knoblauch

Zutaten für 4 Portionen
600 g Schalotten • 1 Knoblauchknolle • 1 küchenfertiges, zerlegtes Kaninchen oder 800 g Kaninchenschlegel 1 EL Mehl • Salz, frisch gemahlener Pfeffer • 1 Prise Cayennepfeffer • 4 EL Olivenöl • 250 ml Weißwein • 1 unbehandelte Zitrone • 2 cm Ingwerwurzel • 4 Stängel glatte Petersilie

Kaninchenfleisch wird hierzulande relativ selten verzehrt. Die Küche des Mittelmeerraums bietet hingegen eine große Palette an würzigen Kaninchenrezepten.

1 Schalotten und Knoblauchzehen abziehen und der Länge nach halbieren.
2 Die Kaninchenteile waschen und trocknen. Das Mehl mit Salz und Cayennepfeffer vermischen und die Kaninchenstücke darin wenden.
3 Das Öl erhitzen und die Fleischstücke darin anbraten. Schalotten und Knoblauch zugeben und einige Minuten unter Rühren mitbraten. Mit Weißwein aufgießen und bei geringer Wärmezufuhr etwa 40 Minuten schmoren lassen. Sollte dabei zu viel Flüssigkeit verdunsten, noch 1 bis 2 Tassen Wasser angießen.
4 Inzwischen die Zitrone und den Ingwer waschen. Die Zitronenschale dünn abschälen und fein schneiden. Den Ingwer schälen und fein hacken oder reiben. Ingwer und Zitrone zu den Kaninchenteilen geben.
5 Mit Salz und Pfeffer abschmecken. Die Petersilie waschen, trocknen, fein hacken und darüber streuen. Dazu passen Reis, Butternudeln oder Petersilienkartoffeln.

TIPP Kaninchenfleisch ist sehr mager und trocknet leicht aus. Aus diesem Grund wird es oft in Flüssigkeit gegart oder vor dem Garen mit Speck gespickt.

Geschmortes Knoblauchlamm

Zutaten für 4 Portionen

*800–1000 g Lammkeule ohne Knochen · 1 Knoblauchknolle
1 unbehandelte Zitrone · 3–4 Lorbeerblätter · Salz, frisch
gemahlener Pfeffer · 250 ml Weiß- oder Roséwein · 2 EL Öl
1 Zwiebel · 1–2 Petersilienwurzeln · 1 Prise Zimt
4 Wacholderbeeren · 4 Stängel glatte Petersilie*

1 Die Lammkeule waschen und mit Küchenkrepp trockentupfen. Die Knoblauchzehen abziehen und halbieren. Die Zitrone heiß abwaschen und in Scheiben schneiden.

2 Die Lammkeule mit einem spitzen Messer einstechen. Je 1 Stück Knoblauch und Lorbeerblatt zusammen in die eingeschnittenen Schlitze stecken. Die Keule mit Salz und Pfeffer würzen und in eine Schüssel oder eine feste Plastiktüte legen. Zitronen und Wein dazugeben, abdecken bzw. die Tüte verschließen und die Keule mindestens 1 Tag marinieren.

3 Die Keule aus der Marinade nehmen und abtrocknen. Das Öl erhitzen und die Keule rundherum anbraten.

4 Die Zwiebel abziehen, in Ringe schneiden, dazugeben und goldbraun anbraten. Die Petersilienwurzeln waschen, fein würfeln und dazugeben.

5 Den Bratensatz nach und nach mit der Marinade ablösen und mit Salz, Pfeffer und Zimt würzen. Die Wacholderbeeren auf einem Brettchen zerdrücken und unter die Sauce rühren. Die Lammkeule darin zugedeckt etwa 60 bis 90 Minuten bei kleiner Hitze schmoren.

6 Die Petersilie waschen, trocknen, fein hacken und vor dem Servieren in den Schmortopf einrühren.

Wenn Sie wenig Zeit haben, können Sie das Fleisch auch als Ragout zubereiten. Dafür nach dem Marinieren in Würfel schneiden und mit den Knoblauchzehen anbraten. Die Garzeit beträgt dann nur 20 bis 30 Minuten.

Knoblauchsuppe mit Bohnen und Salbei

Wenn Sie gerade keine Bohnen vorrätig haben, können Sie auch gekochte Kartoffeln zum Eindicken der Suppen verwenden.

Zutaten für 4 Portionen

12 Knoblauchzehen (1 Knolle von ca. 100 g) • 4 Salbeiblätter 4 TL gekörnte Gemüsebrühe • 1 Lorbeerblatt • 200 g gekochte weiße Bohnen • 100 g Sahne • Salz, frisch gemahlener Pfeffer • 2 TL Dijonsenf • 50 g Pecorino • 4 Stängel glatte Petersilie • 2 EL Olivenöl

1 Knoblauchzehen abziehen und mit dem Salbei in 1 Liter Wasser aufkochen. Gemüsebrühe und Lorbeerblatt zugeben. 15 Minuten kochen lassen.

2 Salbei und Lorbeerblätter herausnehmen. Die Bohnen zugeben und einige Minuten ziehen lassen. Die Suppe pürieren, die Sahne einrühren. Mit Salz, Pfeffer und Dijonsenf würzen.

3 Von der Kochstelle nehmen. Den Käse fein reiben. Die Petersilie waschen, trocknen und klein schneiden. Petersilie, Käse und Öl einrühren und die Suppe abschmecken.

Knoblauch aus dem Wald: Mit einer Bärlauchsuppe dürften Sie auch Ihre verwöhntesten Gäste noch überraschen.

Bärlauchpesto mit Linguine

Zutaten für 4 Portionen
400 g Linguine oder Spaghetti · 50 g Pinienkerne
50 g Pecorino oder Parmesan · 50 g Bärlauch
50 g glatte Petersilie · 8 EL Olivenöl · Salz, frisch
gemahlener Pfeffer

1 Die Nudeln in Salzwasser bissfest kochen.
2 Pinienkerne in einer Pfanne goldbraun rösten. Käse grob würfeln.
3 Bärlauch und Petersilie waschen, trocknen und klein schneiden, im Blitzhacker mit Pinienkernen und Käse zu einer feinen Paste vermixen. Öl, Salz und Pfeffer unterrühren.
4 Etwa 1/2 Tasse Nudelkochwasser in das Pesto einrühren und dieses mit den Nudeln mischen.

Diese Sauce würzt auch Suppen und Eintöpfe und passt als Beilage zu Fleisch- oder Fischgerichten.

Bärlauchsuppe

Zutaten für 4 Portionen
200 g Petersilienwurzeln · 100 g Bärlauch · Salz, frisch
gemahlener Pfeffer · 1 TL gekörnte Gemüsebrühe
100 g Sahne · 4 Stängel Petersilie

1 Die Petersilienwurzeln waschen, schälen und fein raspeln. In einem Topf mit 800 Milliliter Wasser etwa 20 Minuten kochen.
2 Den Bärlauch waschen und in Streifen schneiden. Zur Hälfte in die Suppe geben, kurz mitkochen.
3 Die Suppe mit dem Stabmixer pürieren und mit Salz, Pfeffer und Gemüsebrühe würzen. Die restlichen Bärlauchstreifen, Sahne und Petersilie einrühren und noch etwa 5 Minuten bei geringer Hitze kochen lassen.

Hülsenfrüchte

Hülsenfrüchte zählen zu den ersten Kulturpflanzen, die vom Menschen angebaut wurden. Sie sind preiswert, nahrhaft und enthalten als einzige Gemüsefamilie viel wertvolles pflanzliches Eiweiß. Hülsenfrüchte bieten zudem viel Abwechslung: Das Angebot reicht von knackigen Erbsen und grünen Bohnen bis hin zu getrockneten Riesenbohnen als preiswertem Vorratsgemüse. Und dementsprechend groß ist die Vielfalt an Rezepten!

Nährstoffreiche Familienkost

Erbsen wurden schon vor mehr als 4000 Jahren in Asien angebaut und gehören noch immer zu den beliebtesten Hülsenfrüchten und Gemüsen überhaupt. Sie sind schnell zubereitet, schmecken delikat, sättigen sehr gut und lassen sich äußerst vielseitig verwenden. Frische grüne Erbsen werden meist in Wasser gegart und ergeben eine köstliche Beilage zu Fleisch und Geflügel. Außerdem eignen sie sich gut für Suppen und Eintopfgerichte. Kalt schmecken sie ausgezeichnet in gemischten und pikanten Salaten.

Während frische grüne Perlerbsen erst mühsam aus den Schoten herausgelöst werden müssen, kann man die zarten **Zuckererbsen** mit der Hülse essen. Leider werden sie bei uns im Handel bisher nur vereinzelt frisch angeboten. Sie können diese praktische und gesunde Erbsensorte aber auch sehr leicht im Garten aus Samen ziehen und über einen längeren Zeitraum ernten. Zuckererbsen werden wie grüne Bohnen zubereitet und können diese in den meisten Gerichten ersetzen.

Was Hülsenfrüchte für vergangene Generationen so wertvoll machte, war die Tatsache, dass man sie trocknen und für den Winter einlagern konnte. Doch auch frisch sind sie äußerst nahrhaft.

Trockenerbsen sind ein preiswertes, aber hochwertiges Lebensmittel, und man kann sie sehr gut im Vorrat halten. Sie werden meist püriert als Beilage oder für Suppen und Eintopfgerichte verarbeitet.

Kichererbsen schmecken milder und nussartiger als die bei uns bekannten Trockenerbsen. Sie sind vor allem in der Mittelmeerküche sehr beliebt und schmecken vor allem in Verbindung mit Knoblauch, Olivenöl und anderen Gemüsen.

Längst keine Mauerblümchen mehr

In Indien bilden Dals, würzige Linsengerichte, von jeher eine wichtige Grundlage der Küche.

Linsen gelten bei Feinschmeckern seit einiger Zeit wieder als Geheimtipp. Die Gourmets entdecken neu, was früher zu den wichtigsten Grundnahrungsmitteln gehörte, und bringen durch neue Zubereitungsideen frischen Wind in die alten Rezepte. Angebaut werden die flachen Samen auf der ganzen Welt in vielen verschiedenen Sorten: Es gibt kleine und große, weich oder fest kochende, grüne, gelbe, braune oder rote Linsen. Linsen sind ein äußerst vollwertiges, preiswertes Lebensmittel. Wegen des hohen Ballaststoffgehalts sättigen sie schnell und haben dennoch wenig Kalorien. Linsen werden vor allem für Pürees, Suppen und Eintöpfe verwendet. Sie schmecken aber auch kalt in Salaten.

Facettenreiches Schotengemüse

Bohnen präsentieren sich in vielen Formen, Farben und Geschmacksrichtungen: **Schnittbohnen** haben flache, große Schoten und meist recht harte Fäden, die vor dem Kochen gründlich abgezogen werden müssen. **Brechbohnen** haben runde, zartfleischige Schoten und sind meist fadenfrei gezüchtet. Zu den delikatesten Bohnensorten gehören die **Prinzessböhnchen** mit schlanken Hülsen und einem besonders feinen Aroma. Frische

Bohnen werden gegart und pur oder mit Sauce als Gemüsebeilage gereicht. Außerdem schmecken sie in Salaten, Suppen und Eintopfgerichten. Sie ergänzen sich besonders gut mit Tomaten, Knoblauch, Zwiebeln, Bohnenkraut, Thymian, Oregano, Rosmarin, Majoran, Minze und Muskatnuss.

Neben den frischen Bohnen gibt es einige Sorten, deren Hülsen entfernt und deren Samenkerne getrocknet verwendet werden. Zu den bekanntesten **Trockenbohnen** gehören die Borlotto- und die Kidneybohne. Trockenbohnen werden im Ganzen oder püriert, warm oder kalt gegessen. Trockenbohnen eignen sich für Suppen, Eintöpfe und Salate und harmonieren mit vielen Kräutern und Gewürzen.

Bohnen stammen ursprünglich aus Lateinamerika, wo sie noch heute den Haupteiweißlieferanten darstellen.

Kulturpflanze mit uralter Tradition

Dicke Bohnen (Sau- oder Puffbohnen) sind keine echten Bohnen, sondern die Früchte einer Wickenart. Sie waren lange Zeit die einzige in Europa bekannte Hülsenfrucht. Dicke Bohnen schmecken im Ganzen oder püriert in Suppen, Eintöpfen und Schmorgerichten.

Einkauf und Lagerung

Die Hülsen frischer Erbsen und Bohnen sollten fest und knackig sein und keine braunen Flecken aufweisen. Beim Einkauf frischer dicker Bohnen mit Hülse sollte man gut die doppelte Menge berechnen, da 50 bis 60 Prozent Gewichtsverlust durch das Entfernen der Hülsen entstehen.

Frische Erbsen, Bohnen und dicke Bohnen mit Hülsen sind im Kühlschrank einige Tage haltbar. Getrocknet können sie in einem luftdicht verschlossenen Behälter an einem kühlen, trockenen Platz bei Zimmertemperatur bis zu einem Jahr aufbewahrt werden.

Grüne Erbsensuppe

Zutaten für 4 Portionen

300 g grüne Erbsen • 800 ml Gemüse- oder Fleischbrühe
100 g Sahne • 1–2 TL Mehl • Salz • frisch geriebene Muskat-
nuss • 1 kleine rote Paprikaschote • 1 Bund Petersilie

Frische grüne Erbsen brauchen im Vergleich zu den tiefgefrorenen etwa die doppelte Kochzeit.

1 Die Erbsen 5 bis 10 Minuten in der Brühe kochen, mit dem Stabmixer pürieren und durch ein Sieb streichen. Die Sahne mit dem Mehl verrühren und unter das Püree ziehen. Die Suppe mit Salz und Muskat würzen.

2 Paprikaschote putzen, waschen, in kleine Würfel schneiden, zugeben und das Ganze und noch etwa 5 Minuten kochen lassen.
3 Die Petersilie waschen und trocknen. Die Blätter fein hacken und über die Suppe streuen.

Erbsen in Minzsauce

Zutaten für 4 Portionen

500 g grüne Erbsen • 2 Fleischtomaten • 2 TL gekörnte
Gemüsebrühe • Salz • 100 g Crème fraîche • 2 EL frische
Pfefferminzblätter • Pfeffer

1 Die Erbsen mit 1/2 Liter Wasser zum Kochen bringen. Die Tomaten waschen und für 3 bis 4 Minuten zu den Erbsen in den Topf geben.
2 Die Tomaten herausnehmen und leicht abkühlen lassen. Die Erbsen mit Gemüsebrühe und Salz würzen. Die Tomaten abziehen, würfeln und zu den Erbsen geben. Das Gemüse noch etwa 10 Minuten kochen. Gegen Ende der Garzeit die Flüssigkeit fast ganz einkochen lassen.

3 Den Topf von der Kochstelle nehmen. Die Crème fraîche einrühren. Mit Salz und Pfeffer ab- schmecken. Die Pfeffer- minzblätter waschen, trocknen, klein schneiden und unterrühren.

TIPP Wenn Sie keine frische Minze bekommen können, nehmen Sie einfach 1 bis 2 Teelöffel Pfefferminzteeblät- ter und streuen diese fein verrieben über das Gemüse.

Erbseneintopf mit Gemüsewürfeln

Zutaten für 4 Portionen
300 g geschälte gelbe Erbsen • 1 Zwiebel • 2 Knoblauch-
zehen • 100 g Sellerie • 1 kleine Möhre • 4 EL Öl
100 g Zucchini • 2 Lauchzwiebeln • 1 Debreziner Würstchen
50 g Sahne • 1–2 TL gekörnte Gemüsebrühe • Salz, Pfeffer

Mit weniger Flüssigkeit er- gibt dieses Re- zept ein aro- matisches Erbsenpüree – eine beliebte Beilage zu gepökeltem Fleisch oder Wurstwaren oder zu Sauer- kraut und Kartoffeln.

1 Die Erbsen mit 1 Liter entkalktem oder abge- kochtem Wasser zum Kochen bringen und bei schwacher Hitze 80 bis 90 Minuten garen.
2 Zwiebel und Knob- lauch abziehen und fein hacken. Sellerie und Möhre waschen, schälen und würfeln. Das Öl er- hitzen und das Gemüse darin etwa 10 Minuten andünsten.
3 Zucchini und Lauch- zwiebeln waschen.

Zucchini würfeln und Lauchzwiebeln in Ringe schneiden. Die Wurst in Scheiben schneiden.
4 Die Erbsen pürieren. Die gedünsteten und die noch rohen Gemüse so wie die Wurstscheiben einrühren, den Eintopf weitere 5 Minuten ziehen lassen. Sahne angießen, mit Brühe, Salz und Pfef- fer würzen. Nach Belie- ben geröstete Brotwürfel oder Sonnenblumenkerne in die Suppe geben.

Bunter Erbsensalat

Zutaten für 4 Portionen
2 Eier • 4 Salatblätter • 4 Schalotten • 2 Möhren
2 EL Butter • 250 g grüne Erbsen • 1 kleine rote Paprika-
schote • 4 EL Schnittlauchröllchen • 1 EL Sherry- oder Obst-
essig • Salz • 1–2 EL Sonnenblumenöl • 50 g Schinken-
streifen • 1 EL Kürbiskerne

Dieser dekorative, saftige Salat kann gut eine Weile stehen, um durchzuziehen, und eignet sich daher hervorragend für Büffets.

1 Die Eier hart kochen, pellen und würfeln. Die Salatblätter waschen und gut abtropfen lassen.
2 Schalotten abziehen und in Ringe schneiden. Möhren schälen und in Streifen schneiden. Beides in Butter andünsten. Die Erbsen mit 125 Milliliter Wasser zugeben und 3 bis 4 Minuten kochen.

3 Die Paprikaschote putzen, waschen und in Streifen hobeln. Mit den Schnittlauchröllchen in eine Schüssel geben und mit Essig, Salz und Öl vermischen. Die Schinkenstreifen unterheben.
4 Den Erbsensalat auf den Salatblättern anrichten und mit Eiern und Kürbiskernen bestreuen.

Zuckerschoten mit Möhren und Ingwer

Zutaten für 4 Portionen
500 g Zuckerschoten • 200 g Möhren • 2 cm Ingwerwurzel
50 g Butter • Salz, frisch gemahlener Pfeffer

1 Die Zuckerschoten waschen und putzen, dabei mögliche Fäden abziehen. Die Möhren waschen, schälen und in hauchdünne Scheiben schneiden. Den Ingwer schälen und sehr fein hacken.

2 Die Butter erhitzen, Ingwer und Möhren etwa 5 Minuten bei mittlerer Hitze darin dünsten.
3 Die Zuckerschoten dazugeben und unter gelegentlichem Rühren zugedeckt in 3 bis 4 Minuten nicht zu weich garen. Die Schoten sollen noch Biss haben. Mit Salz und Pfeffer würzen.

Zuckerschoten mit Bandnudeln und Scampi

Zutaten für 4 Portionen

300 g feine Eierbandnudeln · 250 g Zuckerschoten 250 g Scampi · 1 EL Zitronensaft · 1 rote Paprikaschote 1 Lauchzwiebel · 1 Knoblauchzehe · 2 cm Ingwerwurzel 3–4 EL Olivenöl · 1 Stück Chilischote · 1 Stängel glatte Petersilie · Salz, frisch gemahlener Pfeffer

1 Die Nudeln in reichlich Salzwasser bissfest kochen, abgießen.
2 Inzwischen die Zuckerschoten waschen und putzen. Die Scampi schälen, den Darm entfernen, abspülen und mit dem Zitronensaft beträufeln.
3 Paprikaschote waschen, putzen und würfeln. Lauchzwiebel putzen, waschen und in Ringe schneiden. Knoblauch abziehen, Ingwer schälen, beides klein schneiden.

4 Das Öl erhitzen, Knoblauch und Ingwer darin 2 bis 3 Minuten anbraten, dann Paprikawürfel, Zuckerschoten und Zwiebeln zugeben und etwa 5 Minuten dünsten.
5 Chilischote waschen und fein hacken. Petersilie waschen, trocknen und fein hacken. Die Scampi in die Pfanne geben, salzen, pfeffern und mit der Chilischote würzen. Nudeln und Petersilie darunter mischen.

Dieses Rezept schmeckt auch sehr gut mit festfleischigen Fischsorten wie Seeteufel oder Goldbarsch.

Zuckerschoten-Spargel-Salat mit Lachs

Zutaten für 4 Portionen
250 g weißer Spargel • 300 g Zuckerschoten • 4 kleine Eier
8 Salatblätter • 1 Lauchzwiebel • 2 EL Himbeeressig oder
Weißweinessig • 2 TL Dijonsenf • Salz, frisch gemahlener
Pfeffer • 2 EL kaltgepresstes Öl • 50 g Räucherlachs

Statt der Zuckerschoten können Sie auch frische, ausgepalte Erbsen verwenden. Sie benötigen dafür ca. 1 Kilogramm Erbsen in der Schote.

1 Den Spargel schälen und in kochendem Salzwasser in etwa 10 Minuten bissfest kochen. Die Spargelköpfe abschneiden und die Stangen schräg in feine Scheiben schneiden.
2 Die Zuckerschoten waschen, putzen, in das Spargelwasser geben und etwa 5 Minuten kochen. Mit einem Schaumlöffel herausnehmen und in einem Sieb abtropfen lassen.
3 Die Eier am stumpfen Ende anstechen und in siedendem Wasser hart kochen. Herausnehmen und kalt abschrecken.
4 Inzwischen die Salatblätter waschen und abtropfen lassen. Die Lauchzwiebel putzen, waschen und in feine Scheiben schneiden.
5 Für die Marinade Essig, Senf, Salz, Pfeffer und Öl verrühren und die Zwiebeln und die Spargelstücke einrühren. Für besonders festliche Anlässe nach Belieben noch etwas Kaviar einrühren.
6 Die Salatblätter auf Portionstellern anrichten. Die Zuckerschoten mit dem Spargelsalat vermischen und auf den Salatblättern verteilen. Die restliche Sauce darüber träufeln.
7 Die Eier pellen und halbieren. Den Lachs in Streifen schneiden. Den Salat mit den Eihälften, den Lachsstreifen und den Spargelspitzen garnieren.

Kichererbsen mit Spinat

Zutaten für 4 Portionen
4 Knoblauchzehen • 2 Zwiebeln • 4 Salbeiblätter • 4 Ros-
marinnadeln • 2 EL Öl • 1 Lorbeerblatt • 2 Fleischtomaten
400 g Blattspinat • 500 g gekochte Kichererbsen
Salz, frisch gemahlener Pfeffer

Wenn Sie es gern exotisch mögen, würzen Sie dieses Gericht zusätzlich mit Kardamom, Kumin oder Curry.

1 Knoblauch und Zwiebeln abziehen und würfeln. Salbeiblätter und Rosmarinnadeln waschen, trocknen und fein hacken. Das Öl erhitzen, Zwiebeln, Knoblauch und die Kräuter 3 bis 4 Minuten darin andünsten. Das Lorbeerblatt zugeben.
2 Die Tomaten waschen, kreuzweise einschneiden und 3 bis 4 Minuten in den Topf setzen, dabei den Deckel auflegen.
3 Den Spinat waschen und abtropfen lassen. Die Tomaten aus dem Topf nehmen und häuten, das Fruchtfleisch würfeln. Mit den gekochten Kichererbsen und dem Spinat in den Topf geben. Das Gemüse 5 bis 10 Minuten kochen lassen. Mit Salz und Pfeffer würzen.

Erbsen in ihrer edelsten Form: Zuckerschoten-Spargel-Salat mit Lachs.

Linsensalat mit Avocado

Für Linsensalate eignen sich am besten die kleinen, dunkelgrünen Berglinsen. Sie sind auch ohne Einweichen in ca. 30 Minuten weich gekocht und zerfallen nicht so leicht.

Zutaten für 4–6 Portionen
250 g Berglinsen • 2 Zwiebeln • 2 Möhren
je 2 Lorbeerblätter und Nelken • 4 EL Balsamicoessig
2 EL Sonnenblumenöl • 2 EL Walnussöl • Salz, frisch
gemahlener Pfeffer • 1 rote oder gelbe Paprikaschote
2 Lauchzwiebeln • 3 EL Schnittlauchröllchen
1 Kästchen Kresse • 1 reife, weiche Avocado

1 Die Linsen verlesen, abspülen und mit etwa 1/2 Liter Wasser in einen Topf geben. Die Zwiebeln abziehen und würfeln, die Möhren waschen, Lorbeerblätter und Nelken zugeben und 25 bis 30 Minuten kochen. Die Flüssigkeit einkochen oder nach Ende der Garzeit abgießen. Die gekochten Möhren fein schneiden.

2 Essig mit Öl, Salz und Pfeffer verrühren und unter den Salat mischen.

3 Paprikaschote und Lauchzwiebeln waschen, putzen und würfeln bzw. in Ringe schneiden. Mit den Schnittlauchröllchen in den noch heißen Salat einrühren.

4 Die Kresse waschen, abschneiden, auf Teller streuen und den Salat darauf verteilen. Die Avocado der Länge nach halbieren und entkernen. Die Hälften schälen, in Scheiben schneiden und auf dem Salat anrichten.

Die Möhren sollten im Ganzen mit den Linsen gekocht und erst hinterher klein geschnitten werden, da sie sonst die braune Farbe der Linsen annehmen.

TIPP Richten Sie den Salat für besondere Anlässe auf einem großen Teller an, und dekorieren Sie ihn zusätzlich mit fein geschnittener geräucherter Enten- oder Gänsebrust, gebratenen Hackfleischbällchen oder mit in Butter gebratener Hühnerleber. Wenn Sie den Linsensalat auf hellen Salatblättern anrichten, kommt er besonders schön zur Geltung.

Linseneintopf mit Kartoffeln und Grünkohl

Zutaten für 4 Portionen

1 Zwiebel • 2 Knoblauchzehen • 2 EL Öl
2 cm Ingwerwurzel • 1 Scheibe durchwachsener Speck
200 g kleine Linsen • 250 g Kartoffeln • 1–2 Möhren
6 Stangen Staudensellerie • 250 g Grünkohl
2 Lauchzwiebeln • Salz, Pfeffer • 1 TL Currypulver
1 Prise gemahlener Koriander • 1 Messerspitze Cayenne-
pfeffer • 2 EL Essig • 1 Bund Schnittlauch

1 Zwiebel und Knoblauch abziehen, fein hacken und in dem Öl goldbraun dünsten. Den Ingwer schälen und abspülen. Ingwer und Speck fein würfeln und in dem Öl kurz anbraten.

2 Etwa 1 Liter kaltes Wasser aufgießen. Die Linsen verlesen, waschen und dazugeben. Kartoffeln und Möhren waschen, schälen, in kleine Würfel schneiden und in den Topf geben. Das Gemüse bei mittlerer Hitze 20 bis 30 Minuten kochen lassen.

3 Sellerie und Grünkohl waschen, putzen und in dünne Scheiben bzw. feine Streifen schneiden. Etwa 1/2 Liter Salzwasser zum Kochen bringen, Grünkohl und Sellerie hineingeben und 10 Minuten kochen lassen. Das Gemüse mit den weich gekochten Linsen vermischen.

4 Die Lauchzwiebeln waschen, putzen, in Ringe schneiden und zu den Linsen geben. Das gekochte Gemüse mit den Linsen vermischen. Den Eintopf mit Salz, Pfeffer, Curry, Koriander, Cayennepfeffer und Essig würzen. Den Schnittlauch waschen, trockenschütteln, fein hacken und darüber streuen.

Anstelle des Grünkohls können Sie auch Wirsing, Brokkoli oder Sauerkraut verwenden. Ersetzen Sie die Kartoffeln zur Abwechslung einmal durch Kürbisstücke.

Linsencurry mit Spinat

Zutaten für 4 Portionen
200 g Berglinsen • 2 Zwiebeln • 2 Knoblauchzehen
4 cm Ingwerwurzel • 4 EL Butterschmalz
2 EL Currypulver • 1 Messerspitze gemahlener Koriander
200 g Reis • 2 TL gekörnte Gemüsebrühe • Salz
500 g Blattspinat

Garnieren Sie das Linsencurry zusätzlich mit Kiwischeiben und frischer Kresse.

1 Linsen verlesen und waschen. Zwiebeln und Knoblauch abziehen, Ingwer schälen, beides fein würfeln und im Butterschmalz kurz anbraten. 1 Liter Wasser, Linsen, Curry und Koriander zugeben und zugedeckt 10 bis 15 Minuten kochen.
2 Den Reis einstreuen und weitere 10 bis 20 Minuten garen. Am Ende der Kochzeit sollte die Flüssigkeit fast aufgesogen sein. Mit Brühe und Salz würzen.
3 Den Spinat verlesen, waschen, grobe Stiele entfernen und die Blätter zerkleinern. Spinat in einem Topf zugedeckt 4 bis 5 Minuten dünsten und mit der Flüssigkeit zu den Linsen geben. Das Curry abschmecken.

Tagliatelle mit grünen Bohnen – ein Gericht, das aus der klassischen toskanischen Küche stammt.

Tagliatelle mit grünen Bohnen

Zutaten für 4 Portionen

*500 g grüne Bohnen • 1 Bund Bohnenkraut • 2 Zwiebeln
2 Knoblauchzehen • 1 Scheibe durchwachsener Speck
2 EL Olivenöl • 250 g Tagliatelle (Eierbandnudeln) • Salz,
frisch gemahlener Pfeffer • 100 g Pecorino
4 Stängel glatte Petersilie*

1 In einem großen Topf Wasser zum Kochen bringen. Inzwischen die Bohnen putzen, waschen und in Stücke schneiden oder brechen.

2 Das Bohnenkraut waschen und die Blätter von den Stängeln streifen. Die Zwiebeln und die Knoblauchzehen abziehen und sehr fein würfeln.

3 Das Wasser salzen und die Bohnen 3 bis 4 Minuten darin blanchieren. Die Bohnen mit einem Schaumlöffel herausnehmen und in einem Sieb abtropfen lassen.

4 Den Speck fein würfeln, mit Öl, Zwiebeln und Knoblauch in eine Sauteuse geben und einige Minuten andünsten. Die Bohnen und das Bohnenkraut dazugeben, mit 125 Milliliter Wasser aufgießen und zugedeckt bei kleiner Hitze etwa 10 Minuten leise kochen lassen.

5 Die Nudeln ins Bohnenkochwasser geben und laut Packungsangabe bissfest garen. In ein Sieb abgießen und gut abtropfen lassen.

6 Die Bohnen in einer großen vorgewärmten Schüssel mit Salz und Pfeffer würzen. Den Pecorino grob reiben. Die Petersilie waschen, trocknen, die Blätter fein hacken und mit den Nudeln unter die Bohnen mischen. Nochmals abschmecken und nach Belieben noch etwas Pecorino darüber streuen.

Sie können aus diesem Rezept ein feines Gericht für Gäste machen, wenn Sie 1 bis 2 Rinderfilets in heißem Öl kurz anbraten, in Scheiben schneiden, mit Salz und Pfeffer würzen und zum Schluss mit gewürfelten Tomaten dekorativ über die Nudeln geben.

Italienische Bohnensuppe

Zutaten für 4–6 Portionen

*200 g getrocknete weiße Bohnen • 1 große Zwiebel
1 Knoblauchzehe • 2–3 EL Olivenöl • 4 Stangen Staudensellerie • 2 Möhren • 300 g Wirsing oder Weißkohl
4 Tomaten • 1 Stange Porree • 1 rote oder gelbe Paprikaschote • 4–5 Salbeiblätter • 2–3 EL Pesto (Fertigprodukt)
Salz, frisch gemahlener Pfeffer • 1 Bund glatte Petersilie*

Variieren Sie diese Suppe auch einmal mit anderen Gemüsesorten wie Zucchini, Brokkoli und Kartoffeln, mit gekochten Nudeln oder Reis.

1 Die Bohnen in 1 Liter entkalktem Wasser einweichen und über Nacht quellen lassen.

2 Zwiebel und Knoblauch abziehen, fein würfeln und im Öl goldbraun dünsten. Bohnen abgießen, dazugeben. Mit 1 Liter Wasser aufgießen und die Suppe etwa 60 Minuten kochen lassen.

3 Den Sellerie waschen, abziehen und fein schneiden. Die Möhren schälen und in Scheiben schneiden. Wirsing oder Weißkohl putzen, waschen und in Streifen schneiden. Die Gemüse zu den Bohnen geben und weitere 30 Minuten kochen.

4 Die Tomaten waschen, kreuzweise einschneiden und 2 bis 3 Minuten in die Suppe legen. Herausnehmen, die Haut abziehen, würfeln und wieder in die Suppe geben.

5 Den Porree putzen, gründlich waschen und in Streifen scheiden. Die Paprikaschote halbieren, waschen, putzen und in Streifen schneiden. Den Salbei abspülen und in feine Streifen schneiden. Porree, Paprikaschote und Salbei noch etwa 10 Minuten in der Suppe kochen lassen.

6 Das Pesto einrühren und die Suppe mit Salz und Pfeffer abschmecken. Die Petersilie waschen, trocknen, fein hacken und über die Suppe streuen. Sofort servieren.

Dicke Bohnen mit Schinken

Zutaten für 4–6 Portionen

*Etwa 1 1/2 kg frische Bohnenschoten (ersatzweise 300 g tief-
gekühlte Bohnenkerne) • 100 g Serranoschinken oder
durchwachsener Speck • 1 Knoblauchzehe • 1 Schalotte
4 EL Olivenöl • Salz • 1 Prise Cayennepfeffer
2 Stängel Petersilie • 20 g Parmesan oder Pecorino*

1 Die Bohnen palen. Den Schinken in Streifen bzw. den Speck in Würfel schneiden.

2 Die Knoblauchzehe und die Schalotte abziehen, fein hacken und im Öl goldbraun braten. Die Bohnenkerne dazugeben, mit Salz und Cayennepfeffer würzen und bei mittlerer Hitze 15 bis 20 Minuten garen.

3 Schinken oder Speck dazugeben. Die Petersilie waschen, trocknen und die Blätter abzupfen. Den Käse über die Bohnenkerne reiben, die Petersilienblättchen darüber streuen und noch lauwarm servieren.

**Serrano-
schinken ist
die spanische
und meistens
etwas preis-
wertere Vari-
ante des luft-
getrockneten
italienischen
Parma-
schinkens.**

*Zuppa di fagioli:
Die italienische
Bohnensuppe ist
eine deftige
Vorspeise, die
sättigt, ohne dick
zu machen.*

Impressum

© 1998 Südwest Verlag GmbH in der Verlagshaus Goethestraße GmbH & Co. KG, München

Alle Rechte vorbehalten. Nachdruck – auch auszugsweise – nur mit Genehmigung des Verlags.

Redaktion: Anja Feise Projektleitung: Dr. Alex Klubertanz Redaktionsleitung und medizinische Fachberatung: Dr. med. Christiane Lentz Bildredaktion: Ute Schoenenburg Produktion: Manfred Metzger Umschlag: Manuela Hutschenreiter, München Layout: Wolfgang Lehner DTP: Matthias Liesendahl

Printed in Italy Gedruckt auf chlor- und säurearmem Papier

ISBN 3-517-08037-3

Über die Autorin

Johanna Handschmann war Hauswirtschaftslehrerin und Fachschulrätin. Heute arbeitet sie als freie Autorin und gibt Kochkurse und Weinseminare. Sie hat sich vor allem als Fachautorin zu den Themen Vollwertküche und Trennkost einen Namen gemacht.

Literatur

Aepli, Beatrice: Pastinaken, Kürbis & Co. Falken Verlag. Niedernhausen 1998

Kiel, Martina/Wiedemann, Karola: Kürbis, Mangold & Co. Gräfe und Unzer Verlag. München 1996

Lentz, Dr. Christiane/Klubertanz, Dr. Alex: Knoblauch & Zwiebeln. Südwest Verlag. 2. Auflage, München 1998

Oberbeil, Klaus/Lentz, Dr. Christiane: Obst und Gemüse als Medizin. Südwest Verlag. 4. Auflage, München 1997

Rias-Bucher, Barbara: Die Darmdiät. Südwest Verlag. 2. Auflage, München 1998

Rias-Bucher, Barbara: Salzarme Küche. Südwest Verlag. München 1998

Roßmeier, Armin: Fettarme Küche. Südwest Verlag. 2. Auflage, München 1998

Hinweis

Das vorliegende Buch ist sorgfältig erarbeitet worden. Dennoch erfolgen alle Angaben ohne Gewähr. Weder Autorin noch Verlag können für eventuelle Nachteile oder Schäden, die aus den im Buch gemachten praktischen Hinweisen resultieren, eine Haftung übernehmen.

Bildnachweis

Alle Bilder stammen von Ulrich Kerth, München.